Stefan Schulz

Die Kinderwüste

Wie die Politik Familien im Stich lässt

HOFFMANN UND CAMPE

MIX
Papier | Fördert gute Waldnutzung
FSC® C014496

1. Auflage 2025

www.hoffmann-und-campe.de
Umschlaggestaltung: © ZeroMedia, München
Satz: Pinkuin Satz und Datentechnik, Berlin
Gesetzt aus der Minion Pro
Druck und Bindung: GGP Media GmbH, Pößneck
Printed in Germany
978-3-455-01964-3

HOFFMANN UND CAMPE

Ein Unternehmen der
GANSKE VERLAGSGRUPPE

Inhalt

Schafft das Familienministerium ab – zur Einstimmung.... 7
Staat und Familie: Haushalt ist nicht gleich Haushalt | Familienpolitik nur für Milliardäre

I Die Schieflage

1. Die zwei Fragen der Energieversorgung 17
Wenn Politiker von Familien reden | Kinderwüste trotz Kinderwünsche | Elon Musks zivilisatorischer Suizid | Kitt und Kitsch: Familie als politisches Wort | Koevolution: der Kohlestrom und die Kernfamilie | Neuer Treibstoff für neue Familien | Führung und Verführung | Dad-Vibes: Spitzenpolitik als Familienbetrieb

2. Wanderung durch die Wüste: Familienpolitik seit 2023 .. 53
Was die Ampel liegen ließ | Fragen der Freiheit: Recht auf Schwangerschaftsabbruch | Recht und Biologie: mehr als zwei Eltern | Verantwortungsgemeinschaften | Kinderrechte, Unterhalt und schwule Eltern

II Die Lösungen

3. Wir verkehren die Vorzeichen 73
Artifizielle Intimität: die Erfindung der Liebe | Evas Hingabe und Marias Liebe: die Ausbeutung mütterlicher Instinkte | Kinder-

grundsicherung: Familienpolitik braucht kein Programm | Child Penalty statt Gender-Pay-Gap | Demokratie für alle: Familienwahlrecht

4. Familienpolitik ist Weltpolitik 129
Familie in Russland und China | Unterm Strich: Was es kostet

Fazit 138

Dank 141

Anmerkungen 143

Literatur 147

Schafft das Familienministerium ab – zur Einstimmung

Das Familienministerium macht Wirtschaftspolitik für Arbeitgeber und Vermieter. Wir brauchen aber Familienpolitik für Eltern und ihre Kinder.

Im ersten Corona-Winter 2020 wurde in Deutschland einiges neu sortiert, in der politischen Realität und im politischen Denken. Die Gesundheitsämter waren mit dem Virus beschäftigt und die Finanzämter mit den Nothilfen der Regierungen. Nach dem Auftrag, Home-Office und Home-Schooling gleichzeitig absolvieren zu müssen, dachte offenbar auch eine Mutter in Baden-Württemberg neu über ihre Situation nach. Sie meldete ihre Familie als Gewerbe an. »Aufzucht und Pflege von Säugetieren« sollte ihr einen Steuervorteil verschaffen. In der Meldung der dpa dazu ist gleich zu Beginn von »Schwindel« die Rede. Die Polizei Heilbronn habe nämlich mitgeteilt, dass sich Experten der Arbeitsgruppe für Umwelt und Gewerbe die Tiere ansehen wollten und Kinder vorfanden. Steuervorteile gibt es hierzulande aber nur für Menschen, die Unternehmen gründen, Ehepartner heiraten oder so viel Geld haben, dass sich der Kauf von Steuersparmodellen lohnt. Tenor der kurzen Meldung: Weiß doch jeder, Kinder sind kein Gewerbe!

»Kinder sind kein Gewerbe!« lautete wenige Jahre später eine Überschrift der *Berliner Zeitung*. Was so »selbstverständlich« klinge, kommentierte ein Redakteur, gelte ausgerechnet im Mietrecht nicht. »Berlins ältester Kinderladen« ist, wonach es klingt – ein Gewerbe. Mögen Kinder nämlich kein Gewerbe sein; Kitas sind es. Weshalb die Räume 2024 nach 52 Jahren geräumt werden sollten. Weil der Vermieter es wollte.[1] Dazu die scharfen Worte: »Es ist eine Schande, dass uns unsere Kinder so egal sind (…) Kinder und mit ihnen die Kitas gehen uns alle an. Die Politik weiß das längst und hat doch keine Lösung.« Lösung für was? Probleme, die kaum einer hat? Selbst in ehelichen Privathaushalten leben heute mehrheitlich keine Kinder mehr. Wie sollte man da die Politik für Kinder in freier Wildbahn interessieren?

Staat und Familie: Haushalt ist nicht gleich Haushalt

Dunja Hayali zeigte ein paar Monate später im *heute journal*, wie weit sich die Missverständnisse beim Thema Familie und Kinder, Politik und Staat heute treiben lassen: »Schönen guten Abend. Jeder, der einen Haushalt führt, weiß, dass es manchmal gar nicht so leicht ist. Sollte man nur das ausgeben, was man hat, oder lohnt es sich auch, ab und an Schulden zu machen, wenn man denn in etwas investiert, was sich am Ende auszahlen könnte? Vor dieser Frage stehen Regierungen immer wieder.«[2]

Vor dieser Frage stand tatsächlich die Mutter in Möckmühl, die einen Haushalt führt und sich für ihre Care-Arbeit ein paar Euro Werbungskosten von der Einkommenssteuer erstatten lassen wollte, statt Schulden zu machen. Nur galt bei ihr ja nicht die Realität des Fernsehens, sondern die der Behörden: Sie hat weder Finanzkasse noch Zentralbank. Sie kann sich nicht Geld beschaffen, indem sie über ihre oder andere Einkommensströme, über Kreditkonditionen selbst entscheidet. Wir wissen nicht, welchen Beruf sie hat. Vermutlich ist sie keine Parlamentarierin, kann also auch nicht ihr Budget einfach erhöhen. Wahrscheinlich sieht ihr Arbeitgeber auch kein extra Sitzungsgeld für bloße Anwesenheit vor. Politische Haushaltsführung und private Haushaltsführung, das klingt ziemlich ähnlich. Dazwischen liegen aber Welten. Politik hier, Familie da.

Dass wir in Deutschland ein »Familienministerium« haben, das so tut, als gäbe es noch eine Verbindung zwischen Staatshaushalt und privater Haushaltsführung, ist der eigentliche Schwindel. Ja, in Berlin und Bonn arbeiten rund 900 Leute mit staatlichem Auftrag daran, rund 13 Milliarden Euro auszugeben. Das ist aber rasch erklärt: Mehr als 10 Milliarden Euro fließen in Elterngeld, Kindergeld und Kinderzuschläge. Damit werden Arbeitgeber finanziell entlastet, die Einkommen von Vermietern garantiert und dafür gesorgt, dass Konsumenten nicht ins Bodenlose fallen, wenn sie morgens nicht mehr auf Arbeit erscheinen, weil sie mal wieder mit der Schnupfnase des nächsten Arbeitnehmerjahrgangs beschäftigt sind. All das ist keine Familien-, sondern Wirtschaftspolitik. Wenn Ökonomen wortreich vom Unterschied zwischen Sozial- und Lohnpolitik erzählen, erklärt uns das nichts. Dass Kinderzimmer nach Quadratmetern berechnete Wohnflächen vergrößern, sie also teurer machen, ist ein Automatismus. Dass Kinder für ihre Quadratmeter kein eigenes Erwerbseinkommen beisteuern, ist eine moderne Selbstverständlichkeit. Kindergeld ist Vermietergeld. Die politische Gestaltung von Familie beginnt, wenn überhaupt, beim »Kinder- und Jugendplan«, einem zentralen Förderinstrument der Bundesregierung. Das kostet den Staat rund 240 Millionen Euro, grob gerundet also nichts.

Warum machen wir uns nicht so ehrlich wie die Amerikaner? Dort ist Familienpolitik dem Department of Health and Human Services untergliedert. Man muss demnach schon eine Diagnose oder anderen Bedarf vorweisen, wenn man als Familie etwas vom Staat einfordern möchte. Die Normalfälle werden politisch ignoriert.

Aber selbst in Amerika, das familienpolitisch derzeit enorme Rückschritte macht, bewegte sich zwischenzeitlich etwas. Im Sommer

2024 hat der Chef der obersten Gesundheitsbehörde, Vivek H. Murthy, der als »General Surgeon« mehrere Tausend uniformierte Ärzte im ganzen Land unterhält, alle bisherigen ausgefeilten Differenzierungen aufgehoben: Das Elternsein selbst wurde in seinem »Surgeon General's Advisory« zum allgemeinen Gesundheitsnotstand ausgerufen.[3] Kinder zu haben, wurde damit zur Angelegenheit der öffentlichen Gesundheit. Auf Dutzenden Seiten lässt sich nachlesen, was in der gesamten westlichen Welt zum Problem geworden ist. Die Politik verliert die Kinder aus dem Blick, mit ihnen die Familien und damit alle Fragen, die unsere privaten und intimen Sphären betreffen. Der Teil unserer Lebenswelt, in dem wir uns am häufigsten und am liebsten aufhalten, ist von der politischen Landkarte verschwunden.

Auch hierzulande werden Kinder und Familien allenfalls noch als Störung in den ohnehin zunehmend holprigen Betriebsabläufen wahrgenommen. In Deutschland, liest man in der Zeitung, stellten fürs vergangene Jahr laut »Statistischem Bundesamt die Jugendämter bei mindestens 63700 Kindern oder Jugendlichen eine Gefährdung durch Vernachlässigung, psychische, körperliche oder sexuelle Gewalt fest. Das waren mindestens 1400 Fälle mehr als 2022.«[4] Das Muster dieser journalistischen Aufarbeitung ist selbst schon auffällig. Diesen Problemen geht nämlich niemand auf den Grund. Der Text fragt sogar danach, warum viele Nachbarn, Freunde und Lehrer wegschauen. Nach den ebenso abgewandten Journalisten fragt er nicht. Wir erfahren die Zahlen, weil sie veröffentlicht werden und so zumindest an einem Tag im Jahr die Wahrscheinlichkeit steigt, dass sie durch Agenturmeldungen aufgegriffen werden. Wlada Kolosowa ergänzt sie in der *Zeit* mit einem weiteren Hinweis: »Der tatsächliche Zuwachs wird sogar auf 5000 Fälle geschätzt, da einige Jugendämter wegen IT-Problemen und Überlastung keine Daten übertragen konnten.« Die Kinder haben Probleme, die Behörden haben Probleme; Nachbarn, Journalisten und Politiker schauen weg. Das ist die aktuelle deutsche »Familienpolitik«.

Wir brauchen also neues politisches Denken! Der Mutter von Möckmühl ist nicht Schwindel zu unterstellen, sondern Selbstverteidigung. Sie hatte eine plausible Idee, die leider inkompatibel war mit der Funktionsweise von Politik und Verwaltung. Sie legte es drauf an, und es galt als Betrug. Noch so gute politische Ideen bleiben Ideen, wenn sie nicht zuerst parlamentarische Mehrheiten finden. Das nennt sich Politik. Für die einen ist es Staatskunst, für die anderen Handwerk mit dicken Brettern. In allen Fällen ist es kompliziert.

Familienpolitik nur für Milliardäre

Doch es gibt Vorgänge, die zeigen, dass es stattdessen auch sehr einfach gehen kann. Ein Beispiel: In Deutschland gibt es eine »Verschonungsbedarfsprüfung«, mit der sich Erben von Millionen- und Milliardenbeträgen beim Finanzamt von der Steuer befreien lassen können. Man braucht dafür lediglich ein paar Experten, die sich um die Details kümmern. Der Erbe darf im Moment der Erbschaft das Konto nicht so voll haben. Das Geld muss in Betriebsvermögen und anderes Anlagekapital verwandelt werden, damit Politiker davor warnen können, dass im Falle von Erbschaftssteuerzahlungen Betriebe und Investitionen – »Arbeitsplätze!« – gefährdet sind. In Deutschland ist es Tradition, Einkommen zu besteuern, aber niemals »Substanz«. So sinkt die Steuerlast für neun-, zehn-, elfstellige Vermögen beim Wandern durch die Generationen auf null.

Die Journalistin Julia Friedrichs sprach für ihr Buch *Crazy Rich. Die geheime Welt der Superreichen* darüber mit einem Betroffenen: »Hast du den Eindruck, dass das Gesetz extra so gebaut ist, dass man da legal an der Steuer vorbeischlüpfen kann?« – »Ja, so wie ich es verstanden habe und wie es mir erklärt wurde, war das gesamte Gesetz so geschrieben, dass in unserer Situation eine Steuerzahlung von fast Null rauskommt.««[5] Familienpolitik geht also doch! Sebastians

Erbe – Einkommen! – wurde mit 0 Prozent besteuert. Ebenso gering ist damit auch dessen volkswirtschaftlicher Beitrag. Wir haben nichts davon.

Sollte man, statt es bei einer Agenturmeldung zu belassen, auch mit der Mutter von Möckmühl noch mal reden? Ausgehend von ihrem volkswirtschaftlichen Beitrag, ihre beiden Kinder durch 20 Jahre Sozialisation zum Arbeitsmarkt zu lotsen: Welche Gesetze könnte man schreiben, die »extra so gebaut« sind, sie zu unterstützen? Wie viele Ideen könnten wir aufzählen durch einfaches Nachdenken? Wie viele Gesetze könnten wir entwerfen, würden wir Experten mit dem Nachdenken beauftragen? Der Lobbyismus für die Verschonungsbedarfsprüfung von superreichen Familien hat wenige Millionen Euro gekostet, um den wenigen Familien, die sie anwenden können, etliche Milliarden Euro zu sparen. Die vielen anderen Familien gehen leer aus. Dabei rechnen Bundesministerien und das Statistische Bundesamt in Billionen Euro pro Jahr, wenn sie den volkswirtschaftlichen Beitrag familiärer Kindererziehung beziffern. Dieser bleibt unbeachtet und unbezahlt.

Interessant für uns ist auch, wann die Verschonungsbedarfsprüfung für Erbzahlungen ins Leben gerufen wurde. In Deutschland können wir uns der Legende nach mit wichtigen Problemen nicht beschäftigen, weil akute Katastrophen Vorrang haben. Die Reform der Erbschaftssteuer mit der neuen Verschonungsbedarfsprüfung wurde im Juni 2016 vom Bundestag verabschiedet – während der sogenannten »Flüchtlingswelle«, als sich das ganze Land am Abgrund sah und Finanzminister Wolfgang Schäuble zudem noch die »Schuldenbremse« scharfstellte.

Wenn also trotz guter Ausreden schlechte Familienpolitik möglich ist, wieso sollte dann nicht richtige Familienpolitik trotz schlechter Ausreden möglich sein? Ja, der Wirtschaft geht's nicht gut. Sollten wir nicht gerade deswegen Investitionsprogramme mit zweistelliger Rendite starten? »Investitionsprogramme in Kindergärten und

Ganztagsschulen« kommen »auf eine zwölfprozentige Rendite«, schreibt die Ökonomin Philippa Sigl-Glöckner. »Das ist hedgefondsverdächtig, Aktien brachten seit den Fünfzigerjahren 8 Prozent.«[6]

Warum machen wir es nicht? Wegen der Großwetterlage und Geopolitik? Putin, China, dem Nahen Osten und Trump? Die innere und äußere Sicherheit hängt direkt an der Qualität unserer Kinder- und Klassenzimmer! Wenn man Männer im Krieg fragt, wofür sie kämpfen, zeigen sie auf die Fotos ihrer Frauen und Kinder. Zivilisatorisch ist es dann allerdings zu spät. Es gibt anthropologische Konstanten, die in ihrer Bedeutung jedes politische Gerede und alle Gewalt überdauern und uns im alltäglichen Gespräch trotzdem so wenig wert sind. Familie zum Beispiel. Warum quälen wir uns so? Wir brauchen ein neues Nachdenken über Familien als wichtigen, wenn nicht wichtigsten Teil der modernen Gesellschaft, dessen Ausfall wir derzeit viel zu teuer bezahlen.

I

Die Schieflage

»Dass wir in Deutschland ein ›Familienministerium‹ haben, das so tut, als gäbe es noch eine Verbindung zwischen Staatshaushalt und privater Haushaltsführung, ist der eigentliche Schwindel.«

1.

Die zwei Fragen der Energieversorgung

Die Mutter-Vater-Kind-Kernfamilie ist eine Erfindung des Kohlezeitalters. Aus diesem steigen wir gerade aus. Warum ist die Familie des Fabrikarbeiters immer noch unser Ideal?

Tränen, Emotionen, Abschied. Verneigungen vor Lebensleistung. Der Bundespräsident ist da, die Ministerpräsidentin weint. Hannelore Kraft ist eine der sehr wenigen Frauen vor Ort. Es ist ein festlicher, aber trauriger Anlass. Von außen so wenig zu verstehen wie Karneval. Männer mit schwarzen Gesichtern kommen von der letzten Schicht aus dem Stollen. Sie steigen aus ihrem stählernen Fahrstuhl, gehen wenige Schritte auf die vorbereitete Bühne und singen das »Steigerlied«. Anwesende Journalisten zitieren in Livetickern aus den Gebeten: »*Wahre* Freundschaft«, »Familiengeschichte!«, »sechste Generation«, »Erinnerung an meinen Vater«.[7] Den ganzen Tag schon erinnert man sich an die vergangene Zeit und verspricht sich eine gemeinsame Zukunft. Sie wird es nicht geben, deshalb ja die Feier. Der Anlass ist Abschied. Alle Reden sind Erinnerungen.

Dann ist der Festakt zu Ende. Überliefert wird Steinmeiers Würdigung des Wortes »Kumpel« und seine Geste, wie er das letzte Stück Kohle entgegennimmt. So stieg Deutschland aus dem Steinkohlebergbau aus. Es wird noch nach Braunkohle gebaggert. Aber das kameradschaftliche Leben und Arbeiten unter Tage endete im Dezember 2018. Drei Tage später war Heiligabend, traditionell ein Familienfest und damit erste Bewährungsprobe, wie viel Gemeinschaft ohne den politischen und unternehmerischen Rückhalt blieb.

Die Politik und die Gemeinschaft, für die Politiker arbeiten, stehen in einem merkwürdigen Verhältnis zueinander. Das Lokale und Soziale fallen schnell aus dem Blick der Politik, wenn der Anlass fehlt. Im Ruhrgebiet war es ein historischer Automatismus, eine vermeintlich selbstverständliche Verkettung: Das Land brauchte Energie, also Kohle, also Gruben und Arbeiter unter Tage und jemanden, der täglich ihre schwarzen Arbeitsklamotten wieder sauber kriegt, Ehefrauen. Und so redet der Bundespräsident beim Festakt über die »unbesungenen Heldinnen, an die wir heute mit Dankbarkeit erinnern«.[8]

Als im Ruhrgebiet die Kohlearbeit endete, drehte sich im politischen Begleitprogramm fast alles um das Land, die Energie und die Wirtschaft. Die geschriebenen Erinnerungen aus der Region ähnelten dagegen den Reden vom Abschiedstag. Es drehte sich alles um Familiengeschichten. In manchen wurden die Gruben und ihre Kohle selbst zum Teil der Familien. In dem 2018 erschienenen Sammelband *Machet gut, Schwatte!*, mit Texten zum Abschied von der Kohle, heißt es im Klappentext: »Dies ist ein Buch mit Geschichten über eine gute Freundin, die einen ein Leben lang begleitet hat. Als Wärmespenderin im heimischen Wohnzimmer oder als Haufen vor der Tür.«[9] Der Kohleausstieg war viel mehr als nur die Abkehr von einer Energiequelle. Zumindest für die Betroffenen.

Die Politik dagegen kennt das Soziale nur in Sonntagsreden und schaltete schnell wieder auf die Sachebene um: Darf man aus einer Technologie aussteigen, ohne in eine andere einzusteigen? Auf keinen Fall! Auf die Diskussionen zur Kohle folgte die immer gleiche Diskussion zur Kernkraft. Atomausstieg, Ausstieg vom Ausstieg,

Kernfusion? So geht es schon Jahrzehnte. Wer heute »Ausstieg« sagt, fügt im nächsten Halbsatz den »Ausbau« an. Der Wohlstand braucht neue Energie, von neuer Technologie mit neuer sozialer Begleitmusik. Finanzminister Christian Lindner nannte sie seinerzeit im Bundestag beispielsweise »Freiheitstechnologien«. Das ist, im Vergleich zur Kameradschaft, schon sehr hochgestapelt. Wie wir das Land mit Energie und Wärme versorgen, sind immer konfliktträchtige, soziale Fragen – allerdings ganz weit weg vom Alltag der meisten Menschen. Zuletzt ging es um Kanzlertauglichkeit und Kriegsbereitschaft. Wir debattieren »Habecks Heizhammer« und Söders nicht vorhandene Windräder oder verkoppeln Diskussionen zur nicht mehr gewünschten Gaslieferung aus Russland mit der alten Wehrpflicht oder neuen Diensten und Kürzungen im Bundeshaushalt, die uns alle betreffen.

Der politische Journalismus sucht in seinen ständig neuen Themen immer die alten Muster. Die materielle Politik, die Fakten schafft, wird flankiert von einem *human interest*; einer ideellen Politik, die auf Gefühlshaushalte und Gemütszustände zielt. Über deren latente Sinnstrukturen, über immanente, implizite, indirekte Zusammenhänge wird, das sagen schon diese Worte, nicht geredet. Wir wollen sie trotzdem ansprechen. Folgen Sie mir bei einem Gedanken: Wenn im Januar eines Jahres ein politischer Streit über Heizungen entsteht und sechs Monate später Marion Horn, die Chefredakteurin der *Bild*, die diesen Zoff forcierte, über ihre Redaktion sagt: »Wir haben hier verdammt noch mal niemanden, der weiß, wie so eine Wärmepumpe funktioniert«[10], gilt dasselbe auch für ihr Wissen über die privaten Haushalte, für die diese Heizungen gedacht sind. Marion Horn ließ ihre Journalisten ein halbes Jahr biographische Schicksalsfragen von Politikern inszenieren. Von den Heizungen hatte sie so wenig Ahnung wie von den erhitzten Gemütern ihrer Leserschaft.

Ausgeblendet blieb, worum es eigentlich geht. Wie würde es klingen, würden wir das Wichtige und Verborgene in der *Bild* oder *tagesschau* diskutieren? Sätze, die wir alle kennen, nur mit anderen Substantiven. Statt Kohlebergbau, Autoindustrie und Wärmepumpe ließe sich auch über Familie, Feierabend und Schulzeugnisse berichten. Politische Berichterstattung auf der Höhe der dramatischen Zeit könnte so klingen:

> Ende einer Ära: Deutschland hat den Ausstieg aus der Kernfamilie beschlossen. Ohne Zeremonie, Gesang oder Grußworte gab das Statistische Bundesamt bekannt, dass »im Jahr 2023 (…) die Geburtenzahl um 6,2 Prozent im Vergleich zum Vorjahr« sank.[11] »Bereits 2022 war die Geburtenziffer im Vorjahresvergleich um 8 Prozent gesunken.«[12] »Im ersten Quartal 2024 sank die Anzahl neuer Kinder im Jahresvergleich um weitere 4,4 Prozent.« Der Bundespräsident war nicht anwesend. Mitglieder der Bundesregierung wurden angefragt, standen für Wortspenden aber nicht zur Verfügung.

Die tatsächlichen Nachrichten sahen am 2. Mai 2024 nicht so aus. Ein Moderator, die Pressemitteilung des Statistischen Bundesamts und ein Taschenrechner hätten für ausreichend Nervenkitzel sorgen können. Chance vertan. Dabei hätte man gleich die weiteren Bögen schlagen können. Am selben Tag stand es nicht nur um unsere sozialen Ressourcen schlecht. Auch der ökologische Erdüberlastungstag lag hierzulande 2024 auf dem 2. Mai, so früh wie nie zuvor.

Es gibt bei uns leider nur langweilige oder satirische Nachrichtensendungen. Mit ein wenig redaktionellem Geschick hätte man die Frage klären können, ob wir zuerst den Planeten zerstören und dann aussterben, oder – Hoffnung stiftend – nach der Klimakatastrophe noch jemand übrig bleibt. Maybrit Illner diskutierte an dem Abend die »Blockierte Republik – verhindert die Ampel den Aufschwung?«. Sie lud zwei Vorsitzende von Regierungsparteien (Christian Lindner und Ricarda Lang) und einen Generalsekretär der Opposition (Carsten Linnemann) ein und eröffnete ihre Sendung so: »Gerade meldet die OECD, dass die Prognose für das Wirtschaftswachstum in Deutschland wieder sinkt – auf 0,2 Prozent. Und damit halten wir die Laterne bei der Übersicht der wichtigsten Industrienationen der Welt. Und die logische Frage ist, was müsste geschehen?« Es ging dann um Robert Habecks Forderung nach einem »wuchtigen Entlastungspaket für Unternehmen« und Kevin Kühnerts Beschwerden, Christian Lindner beschimpfe die Wähler zu viel. Es war die typische Besprechung eines Spieltags der politischen Bundesliga. Man stritt um politische Kennziffern, aber entschied sich für die 0,2 Prozent Wirtschaftswachstum statt für die 6,2 Prozent weniger Kinder, die das Statistische Bundesamt am Morgen veröffentlichte. Es gibt Erklärungen dafür, aber keine klugen.

Markus Lanz sprach anschließend über Russland nach dem Tod von Alexej Nawalny. Dass von außen betrachtet das Schicksal eines Landes mit dem Schicksal einer Person zusammenfällt, entspricht den Sehgewohnheiten im politischen Journalismus. Lanz verwob die nicht zusammengehörenden Konzepte sogar noch enger. Er stellte die Osteuropa-Expertin Sabine Adler als Gast im Studio vor. In ihrem Buch »zitiert sie Dmitri Gluchowski, der ebenfalls hier mal zu Gast war, der sagt, die Russen betrachten ihren Staat mittlerweile wie ihren eigenen betrunkenen Vater, der aggressiv ist und dem man am besten aus dem Weg geht, zu dem man aber auch fasziniert aufschaut. Herzlich willkommen, Sabine Adler, freue mich sehr.«

Eben schrieb ich noch, dem politischen Betrieb sei das Soziale und insbesondere die Familie fremd. Jetzt stellen wir fest, dass die Bundesregierung wie ein Familiendrama mit Aussprache am runden Tisch im Abendfernsehen inszeniert wird und zur Plausibilisierung von politischen Schicksalsfragen der Staat die Rolle eines Vaters spielt. Es ist verrückt und kompliziert. Wir haben im Grunde genommen zwei Probleme. Die Politik übersieht die tatsächlich existierenden Familien. Zusätzlich hat der Familienbegriff in der Politik aber immerwährende Konjunktur, als appellative Erklärungsfolie für fast alles: Streitet euch nicht! Haltet euren Haushalt in Ordnung! Denkt denn niemand an die Kinder? Seid nett zu Oma und Opa! Und helft den Nachbarn!

Die Familie ist eine übersehene und missverstandene Selbstverständlichkeit. Die Zahlen zu den Geburten verweisen auf einen schon Jahrzehnte überspannenden Trend, der sich gerade wieder verschärft. Dass diese Kennziffern aber publiziert werden, liegt wohl nur daran, dass sie leicht zu erheben sind. Die Geburt eines Kindes ist ein amtlicher Akt. Und auch wenn der staatliche Festakt ausbleibt, ein paar Faxe werden verschickt, archiviert und können durchgezählt werden. Das Statistische Bundesamt schlüsselt es auch interessant auf. »Die höchste Geburtenziffer mit 1,46 Kindern je Frau verzeichnete Bremen. Am niedrigsten war die Geburtenhäufigkeit in Berlin mit 1,17 Kindern je Frau.« Diese Werte sind historisch ohnehin, aber auch global nahezu einmalig. Hongkong, Seoul, Tokio verzeichnen schon Fertilitätsraten unter einem Kind pro Frau. Berlin, aber auch Madrid und Rom nähern sich dem Wert an. In den urbanen Zentren halbieren sich nahezu die Bevölkerungen von einer Generation zur nächsten.

Während man beim Bergbau betonte, wie wichtig die Kameradschaft und der soziale Gemütszustand sind, wissen wir über die sozialen Aspekte hinter den Geburtenzahlen eigentlich nichts. Die jungen Menschen ziehen in die Städte. Die Urbanisierung bleibt einer der deutlichsten Megatrends weltweit. Dort angekommen, verläuft das Leben aber in ganz anderen Bahnen, als wir es aus 300 000 Jahren Geschichte des Homo sapiens kennen. Die Fragen, zu denen wir kaum tragfähige Kennziffern haben, die aber entscheidend für unseren Alltag und für dieses Buch ausschlaggebend sind, lauten: Liegt die Zahl an Kindern so niedrig, weil es keine Kinderwünsche mehr gibt? Oder topediert ein unsichtbares, aber großes Phänomen die Lebenspläne der jungen Menschen? Gibt es eine Diskrepanz, eine Kluft zwischen dem Leben, das wir tatsächlich führen, und dem Leben, das wir führen wollen?

Michael Nast fragte im Juli 2024 auf Instagram: »Ich bin 49 Jahre alt und habe keine Kinder, obwohl ich mir immer Kinder gewünscht habe. Also: Warum habe ich keine Kinder?«[13] Seit zehn Jahren stellt er sich und einem Millionenpublikum solche Fragen. Sein Buch *Generation Beziehungsunfähig* stand ein Jahr auf der *Spiegel*-Bestsellerliste, mehr als zwei Monate auf Platz eins. Er tourt unentwegt durch die großen Hallen. Stellt er sich heute die Frage nach seiner eigenen Lebensplanung vor Publikum, zieht er in gewisser Weise nicht nur für sich selbst Bilanz einer Entwicklung. Wäre er eine Frau, wäre es ihm kaum noch möglich, eigene Kinder zu gebären. Die Urteile in seinem Video wären für ihn final. Sein Fazit lautet: »Weil ich mich der Karriere gewidmet habe, um auch finanziell die perfekten Umstände für eine Familie zu schaffen. Ich habe immer wieder abgewogen, gezweifelt und abgewartet. Bis sich meine Bedenken verselbstständigten.«

Hat er falsch darüber nachgedacht? Er schlägt einen Bogen von seinem Denken zur politischen Realität: »Es ist ein gesellschaftliches Problem. Die Leute werden immer später Eltern. Die Geburtenrate ist auf den tiefsten Stand seit 15 Jahren gefallen. Aber Kinder sind das Wertvollste in einer Gesellschaft, denn sie formen unsere zukünftige Gesellschaft. So sollten wir sie aber auch behandeln – und ihre Eltern auch. Denn daran erkennt man die Qualität einer Gesellschaft.«

Der Hinweis, es handle sich um ein »gesellschaftliches Problem«, ist natürlich immer richtig, auch wenn er noch nichts aussagt. Er ist eine Formulierung aus Verlegenheit, der ein Problem markiert, aber nicht mal eine Richtung zur Lösung mitgibt. Gesellschaftliche

Probleme lassen sich schließlich auf viele unterschiedliche Weisen lösen oder aushalten. Entweder verändern wir alle unser Denken, stellen also fest, dass das Problem gar nicht so bedeutend ist. Oder wir entscheiden uns für Zynismus, der die Kluft zwischen Wunsch und Wirklichkeit wenigstens für einige unterhaltsam und erträglich macht. Oder wir bleiben unserem Denken treu und verändern die Realität, beispielsweise durch eine andere Politik oder einen anderen Technologieeinsatz.

Nast belässt es bei der Beschreibung des Problems. Ein großer Traum seines Lebens hat sich nicht erfüllt. Die Schicksalshaftigkeit darin sieht er jedoch kollektiv. Er redet über »unsere zukünftige Gesellschaft«, »das Wertvollste in einer Gesellschaft« und »die Qualität einer Gesellschaft«. Er verkoppelt Zukunft, Wert und Qualität der Gesellschaft eng mit der Kinderzahl als aussagekräftige Kennziffer: Wenn wenig Kinder geboren werden, scheint etwas mit der Gesellschaft nicht zu stimmen. Das Phänomen der Kinderwüste ist historisch allerdings ziemlich neu. Wir kennen bislang nur das gegenteilige Phänomen. Derzeit ist jede nächste Generation nur noch etwa halb so groß. Zu anderen Zeiten, und heute noch in anderen Regionen, sind nächste Generationen doppelt so groß oder sogar noch größer. Solche, heute gut verstandenen demographischen Wachstumsraten werden durch soziale Turbulenzen verursacht, oder sie verursachen selbst welche. Beispiele dafür sind in Niger oder Somalia mit Kinderzahlen pro Frau höher als sechs zu beobachten mit politischen Lagen, die als angespannt, instabil und kriegerisch gelten.

Kinderwüste trotz Kinderwünsche

Aber zwischen sieben Kindern und einem Kind pro Frau liegt ein Sweetspot. Nur wo? Auf die Frage gibt es vermutlich keine einheitliche Antwort. Wahrscheinlich liegt er nicht über 2,5 und nicht unter 1,8 Kindern pro Frau. Einige Anhaltspunkte kommen von der Bundesregierung, die 2020 zur »ungewollten Kinderlosigkeit« forschen ließ.[14] 2013 beschrieben sich 25 Prozent der Menschen ohne Kinder hierzulande als »ungewollt kinderlos«. 2020 waren es schon 32 Prozent, also jede dritte Person ohne Kinder. Gefragt wurden Menschen im Alter zwischen 25 und 50 Jahren. Einen Unterschied zwischen Männern und Frauen gibt es nicht, da »32,3 Prozent der Frauen und 32,1 Prozent der Männer aktuell einen bisher unerfüllten Kinderwunsch haben«. Grenzt man die Altersspanne der Befragten auf 30 bis 34 Jahre ein, berichten heute 45 Prozent der Kinderlosen von einem unerfüllten Kinderwunsch. Dieser Wert lag vor zehn Jahren noch bei 40 Prozent. Am größten ist der Kinderwunsch im Alter zwischen 29 und 31 Jahren. In diesem kurzen Zeitraum ihrer Biographie berichten 47 Prozent derjenigen ohne Kinder, dass sie sich eigentlich Kinder wünschten.

Anhand der Geburtenziffern sehen wir, dass hier nicht nur ein Aufschub des Kinderwunschs zu beobachten ist, sondern immer häufiger der Abschied von einem geplanten Lebensentwurf. »Wenn nach deutlichem Überschreiten des 30. Lebensjahres sich keine Schwangerschaft einstellt, verabschiedet sich schon ein relevanter Teil der Frauen und Männer vom bisher starken Wunsch nach einem Kind und entwickelt einen Zukunftsentwurf ohne Familie«, heißt es seitens des Familienministeriums. Die »endgültige Kinderlosigkeit« stieg von 2008 bis 2018 insgesamt von 17 auf 21 Prozent. Unter Akademikern, die traditionell höchste Werte aufweisen, sank sie leicht von 28 auf 26 Prozent. Die Geburtenzahlen und die erhobenen Zahlen zum Kinderwunsch weisen auf einen deutlichen Unterschied zwischen tatsächlicher und gewünschter Kinderzahl hin. Vielleicht lässt sich, pointiert gerundet, sagen: In Deutschland kommen von drei Wunschkindern nur zwei zur Welt.

An dieser Stelle gilt es eine wichtige Markierung zu setzen: Die Frage, wie weit wir vom Kinderzahlsweetspot entfernt liegen, möchte ich mit Absicht politisch behandeln. Nur soll das nicht als Natalismus verstanden werden oder Antinatalisten provozieren. Die Politik hat unter der Bettdecke nichts verloren! Gerade deshalb verstehe ich dieses Buch als politisches Buch. Mit Donald Trump ist eine bedrohliche Ideologie ins Oval Office eingezogen, die direkt auf die Schlafzimmer abzielt. Das Silicon Valley ist auf der Suche nach neuen Märkten längst auf die Fährte »Superbaby« aufmerksam geworden. Die Stichworte sind synthetische Genetik und künstliche Intelligenz und damit auch der finale Anspruch beispielsweise eines Ingenieurs bei Facebooks Konzern Meta: »Bald wird niemand mehr Kinder auf natürlichem Wege bekommen.«[15]

Dieser technokratische Natalismus, der mit der zweiten Trump-Regierung auch eine politische Dimension erhielt, wird sich als Irrweg entpuppen. Er führt gerade nicht in die Richtung, die mir wichtig ist. Mir geht es darum, den Raum für die freie Entscheidung, ob man mit oder ohne eigene Kinder leben möchte, zu vergrößern. Es geht also nur zweitrangig um die Frage, ob mit Kind oder ohne. Primär steht der Wunsch, mit oder ohne Kinder zu leben und dem Wunsch entsprechend sein Leben tatsächlich gestalten zu können beziehungsweise zu dürfen. Dafür brauchen wir Politik, da sie diesen Freiraum an zentraler Stelle mitgestalten muss.

Es gilt die These, dass die Entscheidung für oder gegen Kinder derzeit ziemlich unfrei getroffen wird und so oder so Stress auslöst. Man wünscht sich Kinder, aber traut sie sich nicht zu. Kriegt man sie doch, wird es kompliziert. Nicht wenige Familien fühlen sich im Widerstandskampf gegen die Gesellschaft. Wollte man keine Kinder, hat aber plötzlich doch welche, wird es noch komplizierter. Dann kann einem das eigene Leben gefühlt tatsächlich verloren gehen. In allen Fällen, mit Kindern, mit unerfülltem Kinderwunsch oder mit unerwarteten Kindern, kann die Überraschung über den verbliebenen Bewegungsfreirum groß sein. Einziger Ausweg: entschieden ohne Kinder leben. Die Studie der Bundesregierung führt es aus. »Dass es mit dem Kinderwunsch nicht klappt, liege am eigenen beruflichen Stress, meinen 39 Prozent der Frauen und 34 Prozent der Männer.« Arbeitszeit ist ein politisches Thema; überließe man es dem Markt, wäre für Kinder nirgends Platz. »62 Prozent der ungewollt Kinderlosen (63 Prozent der Frauen und 60 Prozent der Männer) sind der Meinung, dass es an staatlicher Unterstützung für Familien mit Kind(ern) mangele«, heißt es dort weiter. Vier von fünf Frauen sagen, es gebe zu wenig Kinderbetreuung. Diesen gesellschaftlichen und politischen Stressfaktoren stehen eher wenige private und familiäre Gründe gegenüber. Von denen berichtet nämlich nur jede vierte Frau als ausschlaggebend für den Aufschub oder die Aufgabe ihres noch unerfüllten Kinderwunsches. Wenn wir die Kinderwüste als Problem verstehen, sollten wir die Ursachen in der Politik und nicht in den Privatsphären suchen.

Im September 2024 veröffentlichte ein Versicherer eine »Berufe-Studie«, die die Zahlen der Bundesregierung aktualisiert und belegt. »20 Prozent aller Berufstätigen haben ihren Kinderwunsch wegen mangelhafter Betreuungsangebote sogar ganz zurückgestellt. Unter den aktuell 30- bis 34-jährigen Erwerbstätigen ist es mehr als jeder Dritte (35 Prozent) und bei Beschäftigten mit Personal- oder Projektleitungsverantwortung sind es 29 Prozent.«[16] Der Trend ist klar. Dieser Tage, egal wann Sie dieses Buch in den Händen halten, wird es Studien geben, die die Strapazen in immer deutlicheren Zahlen verständlich machen.

Die Politik ist am Zug. Die Möglichkeiten, sich den nötigen Freiraum durch Fleiß, Sparsamkeit oder Mut selbst zu erarbeiten, scheinen zu beschränkt. Man sieht bei Michael Nast, dass die privaten Maßstäbe für »finanziell perfekte Umstände« offenbar völlig neben der Spur sind. Er hat keine Kinder, obwohl er es anders wollte. Millionen Menschen geht es so. Diese Betroffenen sind die Protagonisten der Politik, über die zu reden ist. Es nützt wenig, die Wahlprogramme der Parteien auf Familienfreundlichkeit abzuklopfen.

Alleinerziehende Mütter, die kaum einen Politiker beim Namen kennen und seit der Geburt der Kinder nicht mehr gewählt haben, prägen unseren Wohlstand mehr als das Bundeskabinett und die Diskussionen zur »kalten Progression« Gutverdienender. Normale Leute geben den Ausschlag für die Zukunft, den Wert und die Qualität unserer Gesellschaft, also ein Alltag ohne verlässliche Bewirtung, Fahrservice, wissenschaftliche Dienste und die Möglichkeit, alles Nervige wegzudelegieren. Gemeint sind die meisten Familien und alle Alleinerziehenden. In Deutschland wachsen derzeit zweieinhalb Millionen Minderjährige in Haushalten mit nur einem Elternteil auf, überwiegend Mütter. Das sind mehr als drei volle Jahrgänge Nachwuchskräfte, auf die die Unternehmen, das Militär und die Staatsverwaltung sehnlichst warten.

Warum ist es politisch so normal, Familien derart zu vernachlässigen? Schauen wir in die Rede des Bundespräsidenten, die er in Bottrop zum Abschied von der Steinkohle gehalten hat: »Wer von den Bergleuten und ihrer harten Arbeit erzählen will, der muss auch erzählen von der nicht weniger harten Arbeit der Frauen.« Steinmeier meint die »tagtägliche Mühe, die Wohnung und die Fenster und die Kleidung sauber zu halten, inmitten des ewigen allgegenwärtigen schwarzen Staubs und Ruß«. Bis in die Siebzigerjahre mussten die Bergleute für die Sauberkeit ihrer Arbeitskleidung selbst sorgen. »Das machten also in den zurückliegenden Jahrzehnten meistens die Frauen.« Die Rollenverteilung im Singsang der Rede ist besonders aussagekräftig: »Nie konnten die Mütter, die Frauen, die Kinder sicher sein, ob ihr Sohn, ihr Mann, ihr Vater heil und gesund von der Schicht zurückkommen würde.«

Es gilt das Primat der Arbeit, wie es Michael Nast auch beschrieben hat. Ob die Karriere des Publizisten oder die Kohle für Deutschland: Allenfalls in Sonntagsreden spielen Family & Friends eine Rolle, und dann lediglich als Assistenten und Kulisse des eigentlich Wichtigen. Bietet sich ein feierlicher Anlass, werden die Kinder und

Ehefrauen, der Zusammenhalt, die lokale Gemeinschaft betont. Warum aber brauchen wir für ein politisches Wort zur Freundschaft eine Lebensbedrohung als Anlass, wie im Kohlestollen? Wieso fühlt sich Michael Nast fern »finanziell perfekter Umstände« für seine Familiengründung, wenn er den Admiralspalast in Berlin oder die Laeiszhalle in Hamburg ausverkauft? Damit verdient man wahnsinnig viel. Was glaubt Michael Nast, warum er für eine Familie das ganze Geld braucht? Kann sich Frank-Walter Steinmeier vorstellen, dass Familien noch andere Sorgen haben als die Arbeitslast des Vaters?

Familie zu verstehen, ist heute schwer. Die Politik hat keinen Schimmer vom Alltag in Familien, weil kaum ein Politiker mit Verantwortung einen erlebt. Termine ohne Bewirtung, Warten auf den Bus, eine einzige, lange geplante aufregende Nacht mit Freunden, die ausfällt, weil der Babysitter doch nicht kommen kann und man eben ein Leben ohne Plan B führt. Und das alles, egal wie mies es läuft, jeden Tag von vorn, allein weil es gar nicht anders geht.

Familien können die Politik nicht mit Kündigung ihrer Belegschaft oder Abwanderung ins Ausland bedrohen. Sie können ihren Zahlungsverkehr nicht einfach einstellen, nur weil kein Geld mehr da ist. Fällt eine Mahlzeit aus, gibt es Ärger. Fällt noch eine aus, meldet sich das schlechte Gewissen, dann die Lehrerschaft, dann ein Amt und im äußersten Fall die Polizei. Das Standardrepertoire normaler Organisationen steht für Familien nicht zur Verfügung. Es ist andersherum: Normale Organisationen – Unternehmen, Behörden, Schulen, Krankenhäuser – können alle ausfallen. Schließlich geht ja immer noch Home-Office und Home-Schooling, und zwar gleichzeitig. Die Familie hat es als Organisation schwer, weil sie ständig Fallback für alle anderen Organisationen sein muss. Die elterliche Liebe wird es schon richten! Der einzige Weg, solche Unwägbarkeiten zu umgehen, ist also folgerichtig, Familien gar nicht erst zu gründen.

Was sich in einem Buch als dramatische Pointe schreiben lässt, scheint unter Politikern bewusste Erwägung zu sein. Der CDU-Vorsitzende Friedrich Merz sprach 2024 in einem Podcast über Lebensentscheidungen in der Politik: »Ich bin ja 1989 ins Europäische Parlament gewählt worden. Da war unser Ältester acht und unsere erste Tochter fünf oder vier. Und die dritte Tochter ist in der Zeit geboren. Und das Europamandat ist ein extrem familienfeindliches Mandat (…) Man muss das einfach wissen und das muss eine Familie mittragen und daran gehen auch viele Familien zugrunde (…) Ich habe zu oft gesehen, wie Familien zerstört worden sind durch die Politik.«[17]

In der Zeit von 1989 bis heute hat sich die Gesellschaft und ihr Familienbild natürlich verändert. Relativ konstant war aber die Kinderarmut in der deutschen Spitzenpolitik. Die BundeskanzlerIn Olaf Scholz, Angela Merkel und Gerhard Schröder blieben ohne leibliche Kinder. Gerhard Schröder hatte eine Ehefrau mit Kind, er war somit Stiefvater und adoptierte nach seiner politischen Laufbahn zwei Kinder. Angela Merkel lebte kinderlos. Von Olaf Scholz ist ein Gedankengang wie bei Friedrich Merz bekannt, jedoch mit der Entscheidung gegen Kinder. Der Chefredakteur der *ZEIT*, Giovanni di Lorenzo, war im Dezember 2023 im Podcast von Michael Beisenherz zu Gast. Er sagt dort zum Ehejubiläum von Olaf Scholz: »Ich plaudere jetzt nichts aus, was die mir erzählt haben. Ich habe aus guter Quelle gehört, die kennen sich ja noch viel länger als die 25 Jahre. Was ich gehört habe, ist, dass die sich bewusst entschieden haben für eine Form des Zusammenlebens, in dem es eben keine Familie, keine Kinder gibt, wegen der Politik. Sollte das stimmen, ist das schon ein großes Opfer, das muss man sagen. Für den einen oder anderen auch ein entmutigendes Opfer. Ich glaube, wenn du Fulltime Politik machst, dass unfassbar viel auf der Strecke bleibt, weil das einer Familie nicht zuzumuten ist.«[18]

Wenn Familie und Politik als Beruf so inkompatibel sind, haben wir es mit einer historischen Fehlspezifikation zu tun, die weit darüber hinausreicht, bessere Familienpolitik zu fordern oder bessere Diskussionen im Fernsehen.

Elon Musks zivilisatorischer Suizid

Noch befinden wir uns aber in der Diagnostik: Die »Zahl der Eheschließungen in Deutschland sank 2023 (…) im Vergleich zum Vorjahr um 7,6 Prozent«, schrieb das Statistische Bundesamt 2024.[19] Auch zu den immer seltener werdenden Hochzeiten gab es kein politisches Feier- oder Andachtsprogramm. Hier gilt wieder dasselbe wie eben schon. Es geht nicht um Absolutsätze zur Ehe, sondern um den Gemütszustand hinter der Entscheidung, ohne Kinder und ohne Ehe zu leben. Wir wollen den Familienbegriff gerade nicht auf unsere historische Sehgewohnheit beschränken, sondern, ganz im Gegenteil, ihn davon befreien. Familie soll am Ende dieses Buchs viel mehr bezeichnen als lediglich den Raum für Nachwuchs von Eheleuten. Es geht um einen sozialen Raum, der klar erkennbar ist, der wie ein Safe Space funktioniert, in dem man sich aus freien Stücken für oder gegen feste Partnerschaften, gemeinsame Lebensentwürfe und Nachwuchs entscheiden kann.

Wir unterschätzen im allgemeinen Diskurs bislang, wie kontrovers bereits über all das im politischen Hintergrund gestritten wird. Der schwedische Philosoph Martin Hägglund, der heute in Yale mit großer Nähe zum Silicon Valley lehrt, entgrenzt beispielsweise sein neues Denken zur Liebe. Allerdings hören wir an seinem normativen Tonfall, wie sehr seine Idealvorstellung von der Wirklichkeit entfernt ist. Bei dem Vordenker der neuen Tech-Ideologien bleibt zur Liebe so nur Ratgeberliteratur übrig: »Wenn du liebst, ohne Gegenliebe hervorzurufen, d.h., wenn dein Lieben als Lieben nicht die Gegenliebe produziert, wenn du durch deine Lebensäußerung als liebender Mensch dich nicht zum geliebten Menschen machst, so ist deine Liebe ohnmächtig, ein Unglück.«[20]

Demgegenüber beklagte sich Elon Musk einen Monat vor der Wiederwahl von Donald Trump in einem Gespräch mit Tucker Carlson ohne Zurückhaltung über die »Antifertilitätspropaganda«.[21] Die beiden reden über die amerikanische Politik während der Amtszeit Joe Bidens. Der Wortlaut im Original. Tucker Carlson: »Actually, that seems like their main sort of domestic social policy is convincing you not to have kids. What is that?« Elon Musk: »I mean, that's certainly part of civilizational suicide.« Die Sozialpolitik sei zivilisatorischer Suizid. Elon Musk warte auf ein neues Buch von Gad Saad, dass ihm die »suicidal empathy« erkläre, an der viele Amerikaner seiner Ansicht nach leiden. *The Population Bomb* von Paul Ehrlich sei dagegen ein »insane, misantrophic book«. Zu Ehrlich sagt Musk, er sei ein »terrible human being (...) I hope he burns in hell.« Überbevölkerung sei kein Problem. Er kenne da einen Professor in Oxford, der ihm versichert habe, die Erde »kann eine Verzehnfachung der Bevölkerung« aushalten. 80 Milliarden Menschen auf der Erde. Die Frage, wozu er sich darüber überhaupt Gedanken mache, beantwortet er so: »I think we should expand the human population and increase the scope and scale of consciousness so we can better understand the nature of this universe, this wonderful universe, and all the amazing things that exist.« Auf Deutsch: »Ich denke, wir sollten die menschliche Bevölkerung ausweitern und den Umfang und die Reichweite des Bewusstseins vergrößern, damit wir die Natur dieses Universums, dieses wunderbaren Universums, und all die erstaunlichen Dinge, die existieren, besser verstehen können.«

Dieses Denken bestimmt jetzt die amerikanische Politik.

Nennen wir an dieser Stelle passend noch ein Denkangebot von Arne Semsrott, der aus seinem politischen Engagement (*fragdenstaat.de*) heraus Überlegungen für die Zeit nach dem großen Rechtsruck anstellt. In seinem Buch *Machtübernahme* schreibt er: »Die einfachste Art, eigene Privilegien zu teilen, ist eine Schutzehe einzugehen: So ermöglicht man anderen Menschen, ebenfalls einen deutschen Pass zu erhalten. Was für ein Akt der Liebe!«[22] Wieder Ratgeberliteratur, allerdings nicht aus philosophischer Verlegenheit, sondern aus politischem Pragmatismus.

Die Privatsphäre ist längst Kampfplatz der neuen Politik geworden. Dass sich die Politik wieder hinter die Grenze der privaten Lebenswelt zurückzieht, statt bis unter die Bettdecke regiert, ja dass sie die Grenze nicht nur respektiert, sondern sogar absichert und die private Sphäre vergrößert, scheint derzeit utopisch. Das macht es so dringend, über das Private nachzudenken; und auch über die Politik, die diesen privaten Raum prägt. Um diesen Raum aber politisch gestalten zu können, muss man ihn benennen. Ich halte es für sehr wichtig, beim Begriff der Familie zu bleiben. Auch wenn es andere Kandidaten gibt wie den Haushalt, die Verantwortungs- oder Bedarfsgemeinschaft oder schlicht die Privatsphäre selbst. Die Begriffe sind bereits besetzt. Neue zu entwickeln, ist unnötig schwierig. Für den Begriff der Familie sprechen zwei wichtige Aspekte. Das Wort ist erstens sehr alt. Zweitens ist es sehr wandelbar. Familie hat schon fast alles bezeichnet. Was für uns einer politischen und sozialen Revolution gleichkommt, ist in der Jahrtausende überspannenden Geschichte des Begriffs lediglich eine kleinere Anpassung.

Kitt und Kitsch: Familie als politisches Wort

Würde der Bundespräsident seiner Aufgabe nachkommen und für uns Worte finden, wäre das Unterfangen leichter. Ohne präsidiale oder politische Begleitung wägt nun jeder, wie Friedrich Merz und Olaf Scholz, für sich allein ab: Wohnungssuche? Keine Chance! Haus? Haha. Kinderwunsch? Ja, schon, irgendwie, vielleicht. Kinderbetreuung? Oh Gott. Kinderarzt? Hilfe! Aber alles in allem: Familie? Ja, schon gerne eigentlich.

Am nächsten kommen die Talkshowdiskutanten einem Safe Space bietenden Begriff von Familie, wenn sie nach gesellschaftlichem Zusammenhalt fragen. Das Zauberwort lautet dann »Kitt«. Dieser Begriff taucht in den publizierten Gesprächen so häufig auf, dass wir kurz über ihn sprechen müssen. Abseits seiner Verwendung aus Verlegenheit in Talkshows und Sonntagsreden wird der Begriff für uns recht vielsagend in den Wahl- und Grundsatzprogrammen einiger Parteien verwendet.

Die SPD und die Grünen nutzen ihn nicht. Die CDU Hessen verbindet das Ehrenamt mit dem Wort Kitt. Beim CDU-Kreisverband Pinneberg ist der Sport der Kitt. Die CDU Oberspreewald-Lausitz schreibt den Satz: »Der soziale Zusammenhalt in unserer Gesellschaft ist der Kitt zwischen Menschen verschiedenster Generationen und Bevölkerungsgruppen.« Die Aussage dieses Satzes hat interessanterweise weder Anfang noch Ende. Der Zusammenhalt ist der Kitt ist der Zusammenhalt, aller. Eine Entfaltung dieses Sinnlossatzes findet sich bei der FDP im Parteitagsbeschluss zum »German Mut« 2015: »Zuwendung und soziale Verantwortung geschieht von Mensch zu Mensch. Viele Politiker wollen sie jedoch immer mehr in Sozialsysteme wegdelegieren. Systeme bieten aber keine Zuwendung, Leistungsansprüche verschaffen keine menschliche Wärme. Wir ermutigen die Menschen, füreinander Verantwortung zu übernehmen – sei es in Familie, unter Freunden oder in der Nachbarschaft. Diesen sozialen Kitt kann keine Wohlfahrtsbürokratie der Welt ersetzen.«

Ein Jahrzehnt nachdem das Statistische Bundesamt den Familienbegriff konsequent auf alle »Eltern-Kind-Gemeinschaften« anwendete, was der allgemeinen Losung »Familie ist, wo Kinder sind« entspricht, reagierte die FDP mit der Losung »Familie ist, wo Politik nicht sein darf«.

Der Kitt ist politischer Kitsch in reiner Form. Kitsch ist, wenn man etwas Gefälliges sieht, man also gerne hinschaut, aber sogleich versteht: Da steckt nichts weiter dahinter. Man bekommt nur, was man sieht. Wir lesen die Texte in den politischen Programmen und wissen, dass die Autoren so wenig wie möglich sagen wollen. Es geht nur um wohlklingende Wortgirlanden, die aber möglichst hoch gehängt werden sollen. In der Hinsicht steht der »Kitt« in einem besonderen

Verhältnis zu seinem Gegenbegriff, der »Kluft«. Die Logik ist: Wann immer Politiker vom Kitt sprechen, ist die Kluft zwischen Politik und Privatleben am größten. Das galt besonders für die jüngste Zeit mit einem Bundesfinanzminister der FDP. Wir widmen dieser Grausamkeit später noch Aufmerksamkeit.

Der Kitt, der uns zusammenhält, war zuvor einmal die Kohle. Sie war Lieferant von mehr als Energie und Wärme. Trotz ausbleibender Engpässe wühlen uns Begriffe wie »Dunkelflaute« und »Grundlast« auf. Die Kohle, verlässlich und immer da! Jetzt bedrohen uns wieder Nacht und Windstille, als wären wir Seefahrer zu Kolumbus' Zeiten. Die Heizung, die Kohle, der Blackout. Die Diskussionen wecken so etwas wie kollektive Gefühle. Die darf ein verantwortungsvoller Politiker natürlich nicht ignorieren! Opfer verdienen Aufmerksamkeit! Zwei Quizfragen: »Albtraum Energiewende – böses Erwachen für Verbraucher?« Fand diese *Maybrit-Illner*-Sendung im ZDF 2018 oder 2023 statt? »Explodierende Energiepreise – Wer kann das noch bezahlen?« Wurde diese *Anne-Will*-Sendung 2019 oder 2022 in der ARD gesendet? Auflösung: Die *Maybrit-Illner*-Sendung kam 2013, die Anne-Will-Sendung 2008. Es ist ein ständiges und ziemlich folgenloses Gerede.

Koevolution: der Kohlestrom und die Kernfamilie

Ganz anders steht es um unsere tatsächliche emotionale Energieversorgung. Wir verstehen sie nicht. Wir führen keine Diskussionen um sie. Uns fehlen die Grundbegriffe, oder noch schlimmer: Sie lassen uns einfach kalt. Sie klingen nach Verwaltung und Handwerk: kalte Progression, Ehegattensplitting, Immobilienkredit, Kinderfreibetrag, Steuerklasse. Wir hören davon und suchen um Rat. Familie, das ist doch Liebe, Heimat, Geborgenheit – und eben ein paar notwendige Übel für den Steuerberater. Doch wir verlassen uns interessanterweise nicht nur auf die Excel-Profis, die unser Fahrrad von der Steuer absetzen. Beim Thema Familie blenden wir noch viel mehr aus, oder verlassen uns blindlings auf angebliche Selbstverständlichkeiten unserer Geschichte und der Biologie.

»War alles schon immer so.« »Liegt auch in der Natur der Sache.« Tatsächlich ist alles ganz anders. Die Kernfamilie – als Haushalt von Erwachsenen mit leiblichem Nachwuchs – ist eine Idee, nicht älter als die Idee, die Gesellschaft mit fossilen Energieträgern zu versorgen. Würde das Hambacher Braunkohleloch bei Köln jemals mit Rheinwasser geflutet, wäre es der tiefste See Deutschlands, mit 42 Quadratkilometer Wasserfläche. Eine menschengemachte Ingenieursleistung, die laut aktueller Planung 2070 fertiggestellt wird. So artifiziell und technisch können wir auch über unser Familienbild und seine Wandelbarkeit nachdenken. Städte und Dörfer sehen ohne Zweifel nach Ingenieursleistung, Planung und Finanzierung aus. Unser Glaube, dass wir in ihnen leben, wie es die Natur oder Gott vorgesehen haben, ist doch eine faszinierende Merkwürdigkeit. Tatsächlich haben sich die Kohlelöcher und unser Familienleben im historischen Gleichschritt entwickelt. Sie ko-evoluierten. Das eine war nicht ohne das andere möglich. Fabriken brauchen Familien, Familien brauchen Fabriken.

Im 18. Jahrhundert haben wir mit der Kohleverbrennung begonnen, im 19. Jahrhundert sind wir ins Erdölzeitalter eingestiegen und im 20. Jahrhundert ins Gasgeschäft. Die Kernfamilie, wie wir sie heute kennen, kommt aus dieser Zeit! Sie wurde im Kohlezeitalter politisch geplant und im Ölzeitalter zur wirtschaftlichen Norm. Ja, auch davor haben Männer Kinder gezeugt, die von Frauen geboren wurden. Aber die Idee, dass man all das in einem Familienzusammenhang macht, war neu. Unser heutiges Bild der vormodernen Familie wird sehr stark von der idealtypischen Pastorenfamilie geprägt. Wir haben aber kaum Ahnung und Verständnis vom tatsächlichen damaligen Leben. Die Kernfamilie kam erst flächendeckend in die

Welt, als es einen Bedarf für sie gab. Und dieser ergab sich erst durch die Erfindung der Dampfmaschine. Die Kernfamilie und die Dampfmaschine bilden ein historisches Geschwisterpaar. Das ist weder die Beobachtung eines Zufalls noch eine Metapher, sondern unsere geschriebene Geschichte. Wir haben beide – die Fabriken und die Familien – erfunden, erfolgreich getestet und überall installiert.

Als Frank-Walter Steinmeier meinte, den Ehefrauen des Ruhrgebiets danken zu müssen, weil sie sich um die Wäsche der Kohlekumpel gekümmert haben, war das viel zu kurz gesprungen. Die Tragweite, was mit der Kernfamilie als Pendant zum industriellen Kohlebergbau etabliert wurde, beschreibt der Soziologe Andreas Reckwitz in seinem Buch *Verlust*. »Die Ausbildung einer autonomen Sphäre der Privatheit und der Intimität rund um die Kleinfamilie, wie sie sich zunächst im Bürgertum des 18. Jahrhunderts herauskristallisiert und im 19. Jahrhundert noch intensiviert, erweist sich grundsätzlich als wegweisend für den modernen Umgang mit Verlusten. So wie es eine moderne Öffentlichkeit gibt, welche Sichtbarkeit und gesellschaftliche Thematisierbarkeit organisiert, so bildet sich als ihr Pendant eine moderne Privatsphäre, in der Paarbeziehungen und Kleinfamilien, teilweise eingebunden in Freundschaftsnetzwerke, ihre eigene soziale Praxis von hoher kommunikativer und emotionaler Dichte entfalten. Diese Praxis der Privatheit entzieht sich nun aber der Sichtbarkeit des Öffentlichen.«[23]

Die Arbeit in Kohlestollen und Fabriken war hart, gefährlich und ausufernd. Irgendwo musste das neue emotionale Leid aus dem Schlepptau der neuen Arbeit abgeladen werden. »Es entsteht ein regelrechter Imperativ der Privatheit: Im Privaten kann und soll sich das Individuum dem anderen ›öffnen‹, hier wird es als ganzes Individuum auch mit seinem Leid und seinem Schmerz zum Thema – aber nur hier. Umgekehrt wird die Öffentlichkeit von den Verlusterfahrungen als ›Privatsache‹ abgeschirmt. Im Zuge ihrer Privatisierung erfahren Verluste so tendenziell eine Individualisierung und Entpolitisierung. Sie erscheinen als persönliche Probleme des Einzelnen, um die sich das persönliche Umfeld kümmert.«

In der Öffentlichkeit konnte der neue Kapitalismus offenbar nur deshalb so erfolgreich etabliert werden, weil die Bedürfnisse des Menschen ins Private verdrängt wurden. Der niederländische Historiker Rutger Bregman hat in seinem in Deutschland überaus erfolgreichen Buch *Im Grunde gut* dazu geschrieben: »Milliarden Haushalte weltweit sind nach kommunistischer Definition organisiert: Eltern teilen ihren Besitz mit den Kindern und tragen dazu bei, was sie können. Das Wort ›Ökonomie‹ leitet sich nicht zufällig aus dem Griechischen οἰκονομία ab, was so viel wie ›die Verwaltung des Haushaltes‹ bedeutet.«[24]

Die Familie als Hort des Kommunismus? Warum sollte man nicht so darüber schreiben? »Er hat (…) wenig mit der Sowjetunion zu tun«, schreibt Bregman salopp und erklärt: »Es ist so normal, so selbstverständlich, dass wir seinen Einfluss nicht mehr wahrnehmen. Ein einfaches Beispiel: Man sitzt am Frühstückstisch und kann den Käsehobel nicht erreichen. ›Kann ich den Käsehobel haben?‹, fragt man – und tatsächlich bekomme ich den Käsehobel überreicht, ganz ohne Rechnung. Das ist, was Anthropologen auch den ›elementaren Kommunismus‹ nennen. Menschen sind verrückt danach, öffentliche Plätze und Parks, Musik und Geschichten, den Strand und das Bett miteinander zu teilen.«

Desto mehr wir die Arbeitswelt einer finanziellen Leistungsabrechnung für jede Regung unterwerfen, desto mehr brauchen wir den elementaren Kommunismus mit Family & Friends. Faszinierend ist, mit welcher Selbstverständlichkeit diese Zweiteilung der Welt einhergeht. Tatsächlich ist die Kernfamilie nicht weniger artifiziell als der Ort, an dem sie lebt. Und mit den Orten kann sich auch alles andere wandeln. Wenn 2070 die Kölner erstmals zur Entspannung an den neuen Hambacher See fahren, könnte man dort vielleicht drei Freunde treffen, die der biologischen Großmutter ihres gemeinsamen Zöglings zeigen wollen, dass nicht nur Kenia schöne Sandstrände hat – und man spräche ganz selbstverständlich von einem Familienausflug an die See in Nordrhein-Westfalen.

Nur heute gilt so etwas noch als phantastisches Denken. Doch wir können alles normalisieren. Nach Feierabend auf einem Sofa im Wohnzimmer zu sitzen, fühlt sich für uns natürlich an. Auf dem Weg von der Arbeit nach Hause explodiert im Auto hundertmal pro Sekunde Benzin. Wir fahren auf Straßen, deren Bau 100 000 Euro kostet – pro Meter.[25] Allein in Verkehrsampeln verstecken europäische Behörden 5000 Patente.[26] Was ist eigentlich Benzin? Das weiß niemand. Aber wir liegen richtig, wenn wir sagen: Es ist kompliziert! Wir nutzen Treibstoffe, die wir nicht verstehen. Und was ist romantische Liebe? Auch ein Treibstoff. Weiß jemand, wie er funktioniert? In der Natur finden wir Öl und machen daraus Benzin. Finden wir Liebe als Rohstoff in der Natur? Nein, wir veredeln Instinkte und biologische Bedürfnisse, die in roher Form nicht nach Romantik aussehen. Wir haben kulturelle Verarbeitungsprozesse, um uns mit Ideen, Wünschen und Vorlieben zu versorgen, die wir dann ausleben, als gäbe es weder Vorgeschichte noch einen Morgen danach. Wäre dies hier Belletristik, würde ich Sätze schreiben wie: Fürs Benzin brauchten sie Raffinerien, für ihre Liebe Raffinesse.

Unsere modernen Familienleben kommen aus einer memetischen Manufaktur, sie sind fabriziert durch Nachahmung. Das muss uns im Falle, dass alles nach Wunsch und Planung verläuft, nicht stören. Es fällt aber auf, wenn eine Freundschaft, Eltern-Kind-Beziehung oder Ehe wie eine Maschine kaputt geht. Schon zu sagen, dass Ehen scheitern, verfrachtet die Angelegenheit semantisch in den vorgesehenen Abwicklungsbetrieb – ins Rechtswesen. Betroffenen fällt dann wie Schuppen von den Augen, wie artifiziell ihre Familienangelegenheiten tatsächlich sind. Das Bundesjustizministerium informiert so nüchtern darüber, dass es schon lustig klingt: »Im Scheidungsrecht gilt das Zerrüttungsprinzip. Das bedeutet: Eine Ehe kann geschieden werden, wenn sie gescheitert ist.«[27] Den Weg in die Liebesbeziehung gestalten wir selbst, glauben wir, obwohl wir uns an allgemein bekannten Drehbüchern orientieren. Der Weg aus der Liebesbeziehung erfolgt dann ebenso an Literatur orientiert. Wenn Gefühle ihre Vorzeichen wechseln, springt das Gesetz ein und bietet eine Richtschnur für die letzten gemeinsamen Schritte. Kinder werden dann »ehebedingte Nachteile«, die finanziell verrechnet werden müssen. Eine Scheidung wird von Eheleuten nur gewollt, eingereicht wird sie zwingend von einem Anwalt.

Versuche, die Umkehrung der Vorzeichen abzuwenden, finden naturgemäß in privaten, wenn nicht intimen Sphären statt. Das macht es umso schwerer, einen geeigneten Weg zu finden. »Wie habt ihr euch eigentlich kennengelernt?«, ist eine nicht nur akzeptierte, sondern auch beliebte Frage. Einblicke, wie andere Familien im Alltag tatsächlich funktionieren, sind schon komplizierter herauszukitzeln. Spätestens beim Bruch gilt das Anna-Karenina-Prinzip von Leo Tolstoi: »Alle glücklichen Familien sind einander ähnlich, jede unglückliche Familie ist unglücklich auf ihre Weise.« Da dieser beinahe 150 Jahre alte Satz bis heute gilt und noch immer zum Kern des Familienbegriffs zählt, setzen wir ihm nun moderne Sätze entgegen, die den Familienbegriff erweitern.

Neuer Treibstoff für neue Familien

Die neuen Sätze stammen von Esther Perel, einer der bedeutendsten Paartherapeutinnen unserer Zeit. Ob man seine Neugier zu den eigenen Beziehungen oder den Beziehungen anderer mit Lesen, Podcasthören oder *YouTube*-Konsum stillt, man stößt irgendwann auf sie. Perel hat auch Bücher geschrieben, die in etliche Sprachen übersetzt wurden. Bekannt ist sie aber vorrangig durch ihre Reden und Gespräche vor und mit Publikum oder gar Klienten. In diesen tariert sie die gegenwärtigen Beziehungsformen aus mit vielerlei neuen Normalitäten: Monogamie stehe immer noch hoch im Kurs, inzwischen aber seriell, mit Personen auf Zeit. Sexualität werde gerne zu zweit genossen, bleibe aber individuelle Zuständigkeit. Liebe sei der Weg zwischen Hingabe und Autonomie. Eine Ehe würde dadurch nicht das Ende der Romantik, sondern ihr Anfang. Beziehungen seien nicht nur Abenteuer, sondern auch Arbeit.

Diese Sinnsprüche sind für uns interessant, weil Perel 2024 die prinzipielle Unterscheidung zwischen Liebesbeziehungen und anderen Paarbeziehungen aufgehoben hat. »Ich arbeite und spreche seit Jahrzehnten mit Paaren, aber in den letzten Jahren habe ich das Konzept eines Paares erweitert, sodass es Freunde, Mitgründer, Podcastmoderatoren, kreative Paare und auch Kara Swisher und Scott Galloway als eines dieser kreativen Paare einschließt.«[28] Sie sagte es im Podcast der beiden genannten publizistischen Überflieger und Tech-Erklärer, die wir von ihrer gemeinsamen Arbeit in dieser Paarkonstellation kennen. Ich lausche ihnen seit Jahren. Und plötzlich sind sie bei Perel in der Praxis für Paartherapie zu Gast und führen ein therapeutisches Erstgespräch zu ihrer Beziehung. Erkämpft sich die Privatsphäre hier gerade Deutungshoheit in der unternehmerischen Domäne? Perel ergänzte in ihrer Einführung zum Gespräch: »Ich werde oft mit romantischer Liebe in Verbindung gebracht, weil ich zuerst nur darüber geschrieben habe. Aber ich glaube, wir sollten vorsichtig sein, die romantische Liebe auf ein Podest zu stellen auf Kosten vieler anderer sehr wichtiger Beziehungen.« Sie meint explizit: »Freundschaften, Mentorenschaften, kreative Partnerschaften«.

Damit stellt sie uns vor die Fragen: Wiederbelebt Perel ein vormodernes Bild alltäglicher Sozialität, das wir ablehnen, weil wir ungern zurückwollen? Oder geht sie einen Schritt nach vorn? Die Geschichte kennt menschliches Leben vor der Etablierung der Kernfamilie, als produktive und reproduktive Arbeit zusammenfielen.

Zuletzt im mittelalterlichen Hofverband (Villikation). In dörflicher Gemeinschaft wurden die Kinder erzogen, wie die Felder bestellt wurden – alles in Gemeinschaft. Wir verorten diese Lebensweise flächendeckend und prägend bis ins 12. Jahrhundert, in die Zeit vor den Städtegründungen, vor der Erfindung des Geldes und der Einrichtung von Gerichten. Allerdings: Das menschliche Leben kannte damals keine Kindheit, und auf die Geburt der Kinder folgte für die Eltern kein langes Leben, also auch kaum weitere Zweisamkeit. Das ist heute anders. Perel geht vielmehr einen Schritt nach vorn – weil sie die neue Realität durch unzählige Konfrontationen in ihren Gesprächen kennt und weiß, was längst normal und endlich einzupreisen ist: Die Trennung von Work und Life, Beruf und Privat, Haus und Hof ist selbst vielleicht längst abgeschlossene Geschichte geworden. Wir sind auch auf Arbeit private Lebewesen. Sich um die Hygiene von Kindern zu kümmern, ist demgegenüber Arbeit, sie kostet Zeit und Geld. Ja, man liebt sein Kind. Aber doch auch seinen Kollegen oder die Nachbarn. Von Perel stammt auch die vielleicht interessanteste Frage unserer Zeit: Sollten wir bei AI nicht eher an Artificial Intimacy denken und sie ergründen, ehe wir noch mehr unserer Anliegen der Artificial intelligence überlassen?

Verständnis hier fällt noch schwer. Noch benötigt der Familienbegriff die alte Vorstellung von Liebe zu sehr, als dass man eine neue Flexibilität der Grundbegriffe und Lebenskonzepte schon einfordern kann. Als Faustformel gilt: Werden viele Bücher darüber geschrieben, ist das Denken noch zu verkopft – gerade beim politischen Blick auf Liebe. Manchmal reden aber altersweise Menschen peripher und pragmatisch darüber, dann lässt sich ein Megatrend erahnen: »Ich war oft verliebt. Ja, wissen Sie, ich bin auch stundenweise verliebt. Ich bin verliebt in Menschen, die Charme haben, die freundlich sind (…) Und ich finde, Liebe ist ein schönes Gefühl. Das bedeutet ja nicht immer Sex. Und das bedeutet nicht durch die Betten toben. Das bedeutet ein warmes Gefühl, Phantasie und Zuneigung.«[29]

So spricht Elke Heidenreich im Fernsehen darüber. Und sie macht denselben Spruch wie Warren Buffett, wenn er über die Erfolgsaussichten von Familien redet. Heidenreich sagt: »Alle klagen ja auch immer über die Liebe. Es mangelt nicht an Liebe in der Welt. Es mangelt an erträglichen Erwartungen.« Bei Buffett klingt es noch profaner. Sein Geschäftspartner Charlie Munger habe ihm vor 50 Jahren geraten: »Was für Qualität suchst du in einem Ehepartner? Suchst du nach Schönheit? Suchst du nach Geist? Suchst du nach Charakter? Suchst du nach Ehrlichkeit? Suchst du nach Humor? Nein, nein, nein. Wenn du eine Ehe haben möchtest, die lange hält, suchst du jemanden mit niedrigen Erwartungen.«[30] Heidenreich und Buffett, beide altersbedingt lebenserfahren, verknüpfen die Liebe zu anderen an die eigenen Erwartungen, insbesondere an sich selbst.

Dass Dating heute viel mit *personal branding* und *return on investment* zu tun habe, wird seit mehreren Jahren publizistisch begleitet und kritisiert. Können wir uns mit uns selbst auch entspannen? Was wäre, wenn man tatsächlich nur ein oder zwei weitere Menschen mit ausgeprägtem Kinderwunsch sucht, während man schon jemanden hat, mit dem man seinem Bedürfnis nachkommt, sich in Gesellschaft zu schmücken; und jemanden, mit dem man geistreich reden kann, und auch jemanden, der einen wie niemand sonst zum Lachen bringen kann? Ich brauche dich, aber nicht voll und ganz, nicht mit Haut und Haar, sondern *nur* für ein gemeinsames Kind! Ab wann kann man das in sein Datingprofil schreiben?

Ist man selbst nicht emotional involviert, fällt das Verständnis für viele Verknüpfungen schwer. Der Vertrauensbegriff deckt heute beispielsweise eine sehr hohe Bandbreite ab. Wir vertrauen darauf, dass der Lebenspartner, mit dem man sich für Kinder entscheidet, seine ökonomischen Angelegenheiten unter Kontrolle hält, für das Kind auch zum Verzicht bereit ist, aber – und das ist die Krux – im selben Maße wäre es ebenso ein Bruch des Vertrauens, wenn diese Person ihren emotionalen Haushalt nicht unter Kontrolle hat und bestimmte körperliche Aktivitäten gemeinsam mit anderen Menschen verübt. Der Satz klingt kompliziert und absurd. Aber warum verwenden wir für beide Sachverhalte dasselbe Wort – Vertrauen?

Brechen wir es auf die Praxis herunter. Es folgen jetzt zwei Sätze aus dem Alltag, und Sie überlegen, warum Sie das nicht kalt lässt. »Schatz, ich gehe zum Fußball. Bis später!« – »Okay, wenn du nach Hause kommst, bin ich eventuell noch beim Sex.« Unser bisheriges Verständnis von Familie verknüpft materielle und emotionale Sicherheitsbedürfnisse. Können wir sie auch wieder entknüpfen? Kann ein voller Kühlschrank allein nicht schon mehr als die halbe Miete sein?

»Ich habe mich oft gefragt, warum eine körperliche, ich will den Begriff Untreue nicht damit verbinden, ablenkende Realität von den Menschen als kränkender und bedrohlicher empfunden wird, als wenn ich beispielsweise mit einem anderen Menschen meine gesamten emotional-seelischen Themen ausdiskutiere, statt mit meinem Partner, meiner Partnerin.«[31] Diese Frage stellte Michel Friedman der Psychoanalytikerin Katinka Schweizer, die seit Jahrzehnten zu solchen Fragen forscht und lehrt und heute unter anderem Vorsitzende der Deutschen Gesellschaft für Sexualforschung ist. Sie konnte auf die Frage nicht antworten.

Es ist erstaunlich, wie sehr die Forschung und das Alltagsreden an diesen Punkten ins Leere laufen. Schweizer antwortete auf Friedmanns Frage mit einem Verweis auf Scham. Nackte Schutzlosigkeit betreffe uns »unkontrollierbarer, schutzloser als das emotionale Schutzlossein, was doch noch stärker verbal und besprechbar ist«. Stimmt, so fühlen wir. Aber diese Beobachtungen erklären uns nicht, warum es so ist und nicht anders. Friedman biss sich die Zähne aus und konnte seine Unzufriedenheit nicht mehr hinter Höflichkeit verbergen: »Entschuldigung, wozu war es dann nötig, dass man Sie so vorzüglich ausgebildet hat, dass Sie das jeden Tag durchdenken, erfahren, erleben mit Patientinnen in der Forschung?« Ihre Reaktion: »Na ja, es ist wieder die Angst. Was ist das? Das ist ja die Frage.«

Friedmanns Fragen zu verstehen, war nicht schwer. Man hörte ihm zu und verstand seine Anliegen unmittelbar, man hat sie gefühlt. Aber 30 Jahre Forschung, Lehre und Patientenkontakt lieferten keine Antworten. So scheint es mit den meisten grundlegenden Angelegenheiten zu sein, die für soziale Beziehungen und Familie bedeutend sind. Wir müssen also die Vorwürfe an die Politik vom Anfang des Buches etwas abschwächen. Wir sind nicht in der Lage, über unsere Angelegenheiten zu sprechen; geschweige denn, daraus politische Forderungen abzuleiten. Warum legen uns Denkmuster und Traditionen so an die Leine?

Führung und Verführung

Wir sollten es noch aus der anderen Richtung betrachten. Der einfachste Weg wäre, politisch alle Familien zu Unternehmen zu erklären. Statt aber nachzuforschen, wie viel moderne Organisation, Unternehmertum, Marktbeobachtung, Professionalität und Disziplin heute tatsächlich in Familien steckt, fragen wir, in welchem Maß Sympathie und Freundschaft, Leidenschaft und Begehren heute berufliche Hierarchien, Meetings oder Beförderungen prägen. Geht's in der Arbeitswelt nicht ziemlich familiär zu? Ist es eigentlich gerechtfertigt, dass Politiker die Unternehmen so hofieren und die Familien links liegen lassen?

Vielleicht schaffen wir es, unsere Sprachlosigkeit von hinten aufzurollen. Wir könnten es beispielhaft an einem der Grundbegriffe der Managementliteratur prüfen: Führung. Gehen wir intuitiv an den Begriff heran, denken wir sofort an den Chef, seine Macht und den Befehl. Dabei beginnt die aufgeklärte Beschreibung ganz anders: »Führung findet immer in Interaktionen statt, immer in Situationen, immer mit der Vorbedingung, dass die Situation sich nicht durch Struktur klären lässt«, sagt die Soziologin und Beraterin Judith

Muster in einem Podcast mit dem interessanten Namen »Corporate Therapy«.[32] Führung brauche einen »kritischen Moment«, in dem »Unsicherheit entsteht« und dennoch der nächste Schritt gegangen wird. »Hierarchie und Führung sind eben nicht dasselbe«, sagt sie. Könnte die Hierarchie in so kritischen Situationen aushelfen, müsste der Vorgesetzte schließlich nur verkünden, wo es als Nächstes hingeht. Führung dagegen ist dort notwendig, »wo formale Struktur allein nicht ausreicht«. Führung findet statt, wenn Satzung, Hierarchie und Programm – also die moderne Organisation – an ihre Grenze kommen und »jemand« wieder Orientierung schafft. Wir können uns fragen, wie das gelingt und wer dieser »jemand« ist: Eine Person wagt einen mutigen Schritt und sticht mit einer Idee heraus. Sie bietet einen gemeinsamen Weltentwurf an und wirbt um Unterstützung. Ob es gelingt oder nicht, entscheidet sich in wenigen Augenblicken. Durch Eile bleibt weniger Zeit zu reflektieren, man macht erst mal. Der Vorschlag darf sich bewähren. Dieses Verständnis von Führung hat nicht zufällig eine große Nähe zur Verführung.

Wenn Unternehmen heute fordern, die Belegschaften sollten ihre Corona-Abstinenz überwinden und endlich aus dem Home-Office zurück ins Büro kommen, dann, weil ihnen die Erträge aus diesen soften Aspekten der Arbeitswelt fehlen. Die Unternehmen haben Manager, Budgets und klar formulierte Aufgabenverteilungen. Aber ohne Leute mit Ideen, Emotionen und Spieltrieb sind sie führungslos. Man könnte zwar die laufenden Projekte gut abarbeiten, aber kaum neue starten, bemängelten als Erstes ausgerechnet die Chefs der Silicon-Valley-Konzerne. Dass etliche Projekte in der Kaffeeküche gestartet werden, ist ein Allgemeinplatz. Nur sind diese Projekte nicht immer nur für den Arbeitgeber relevant. In der Soziologie interessiert man sich seit Jahrzehnten für Unternehmen als Spielfläche für die »Heiratsmärkte«.

Der Soziologe Andre Kieserling markierte in einer Zeitungskolumne über die Berufung neuer Professoren, wie wichtig es für

Organisationen ist, diese »wirklich relevanten Gesichtspunkte« zu beachten und gleichzeitig zu verstecken.[33] Es gilt in allen Bereichen: Ist man zum Vorstellungsgespräch eingeladen, sind die notwendigen Sachfragen zur fachlichen Eignung schon geklärt. Die Moderne stellte Universitäten, Parteien und Unternehmen aber vor die Aufgabe, noch mal zu betonen, dass die besten Wissenschaftler, Amtskandidaten und Manager gesucht sind, obwohl sozialverträgliche Mitmenschen gefragt sind.

In der Arbeitswelt, schreibt Kieserling, hält der Bewerber im Vorstellungsgespräch den Ball also lieber flach, um zu vermeiden, »dass in der anschließenden Beratung die Treffsicherheit eines einzigen Wortes ausreicht, ihm jede Chance zu nehmen: Platzhirsch!«. Wissenschaftler, Manager, Ärzte und Anwälte suchen also in erster Linie Kollegen und Freunde, die Wissenschaftler, Manager, Ärzte und Anwälte sind. Wenn wir einen neuen Begriff von Familie suchen, müssen wir bereit sein, ihn überall zu finden. Könnte ja sein, dass Kollegien in Unternehmen heute tatsächlich mehr Familien sind, als selbst Familien vor 100 Jahren Familien waren. Ohne Frage erfordert die Organisation einer modernen Familie heute nicht weniger ökonomischen Sachverstand als der Betrieb eines mittelalterlichen Fürstenhofs.

Dad-Vibes: Spitzenpolitik als Familienbetrieb

Ausgerechnet in der Politik selbst wird die semantische Schlinge noch enger gezogen. Es gelten familiäre Kriterien. Wähler suchen in ihren Kandidaten offenbar Väter und Mütter, Töchter und Söhne. »Seit Jahren haftet an Angela Merkel das spöttisch gemeinte M-Wort. In Wahrheit profitiert die Kanzlerin längst davon«, Mutti genannt zu werden, schrieb Till Raether in der *Zeit*.[34] Christian Wulff galt als Schwiegersohn der Nation. In Amerika übernahm erst Kamala Harris die Kandidatur ums Präsidentenamt von Joe Biden. Doch dann betrat Tim Walz als »Americas Dad« die Bühne neben ihr und drehte kurzzeitig die Stimmung. Er begeisterte ein bis dahin kaum erreichbares, junges Publikum. »Der Sitcom-Dad, eine amerikanische Sehnsucht« titelte Kathleen Hildebrand in der *Süddeutschen Zeitung* über das Phänomen, dass junge Amerikanerinnen und Amerikaner mit Tim Walz eine Ersatzvaterfigur fanden, nachdem sie ihre tatsächlichen Väter an die neurechte Politik- und Medienblase verloren hatten. Der *Spiegel* beschrieb die »Dad-Vibes« und »Dad-Energy«. »Ausgerechnet die Gen Z« hieß es in den Texten und »Familienpolitik – auf amerikanische Art«.

Ähnliches auf der Gegenseite: Jon Stewart, der seit Jahrzehnten und sehr erfolgreich neue Wege sucht, um Menschen im amerikanischen Fernsehen politische Wirklichkeit zu erklären, sprach lange vor Trumps Wiederwahl in einer Sendung mit dem Milliardär Mark Cuban über Donald Trump: »Er denkt, und ich finde das interessant, er führt ein Familienunternehmen. Er ist im Grunde genommen ein Monarch. Und vielleicht steckt gar nicht so viel Bosheit hinter seinen Handlungen, als eher der Gedanke: Oh, Amerika kann eine Tochtergesellschaft der Trump-Organisation sein. Und er sagt sich vielleicht, nun, wir haben Checks and Balances und eine Gewaltenteilung, das kann ich ja loswerden.« Daraufhin sagt Mark Cuban: »Ja. Das ist der Eindruck, den ich auch habe.« Trump denke: »Das ist mein Land, richtig? Alle anderen sind schlecht. Ich bin gut. Und wer auch so denkt, den nehme ich mit.«[35] Cuban ist selbst kein Politiker und betrachtet Trump als Unternehmer in der Politik: »Er hat Hass und Wut in die Politik gebracht, das ist sein Verkaufsargument. Donald ist ein Verkäufer. Er wird dem folgen, was funktioniert, was auch immer. Er wird alle möglichen verschiedenen Dinge ausprobieren. Und wenn es funktioniert, wird er mehr davon machen.«

Regierungschef sein, aber als Patriarch einer Unternehmensfamilie und als Gefühlsverkäufer, der mit Family & Friends Strategien austüftelt und Verwaltungshandeln ansagt, wie Eltern ihre Kinder zum Zähneputzen schicken. Er hat es versucht, und es hat mit beeindruckendem Erfolg funktioniert. Nach dem Sieg fragte man Politikwissenschaftler, ob sie das erklären könnten. Keiner konnte es. Man müsste wohl noch mal neu über die historischen Sakralkönigtümer und Theokratien nachdenken, mit aktueller Politikwissenschaft und üblichem Politikjournalismus lässt sich die amerikanische Regierung kaum erklären. Während ich mir Mühe gebe, Familien als Unternehmen neu zu denken, unterwirft Donald Trump Amerika einem maßgeschneiderten Lust-und-Laune-Familienpatriarchat. Die Realität überholt unser Denken von der falschen Seite.

Gab es vergangenes Jahr eigentlich wichtigere Fragen als das Vatercharisma des Vizepräsidentschaftskandidaten Tim Walz oder das patriarchale Gemüt von Donald Trump? In den Tagen nach dem Nominierungsparteitag von Harris und Walz gab es aufschlussreiche Ad-hoc-Analysen von namhaften Experten, die die Zäsur markierten. David Axelrod sagte in seinem Podcast: »Präsidentschaftswahlkämpfe werden, besonders an diesem Punkt der Kampagne, stark vom Moment-zu-Moment-Verhalten der Kandidaten bestimmt. Die Leute sehen und erkennen, was sie im realen Leben sehen.« Nicht nur der begleitende Journalismus, sondern auch die inhaltliche Wahlkampfwerbung spiele eine untergeordnete Rolle.[36] »Politische Programme und Kampagnen drehen sich im Wesentlichen nicht um Inhalte. Sie sind Stellvertreter für Prinzipien und Werte.« Wahlkämpfer zeigen, für wen sie Politik machen. »Politische Inhalte sind Angelegenheit ihrer Fürsprecher, des Schattenkabinetts.«[37]

Axelrod hat als leitender Wahlkampfmanager und Senior Advisor maßgeblich die Kandidatur und Präsidentschaft von Barack Obama begleitet. Er beobachtet heute die Wirksamkeit von Prinzipien, die er damals etablierte. »Alles, was sie braucht, ist Empathie«, fasste er die neue Aufgabe auf Wahlkampfbühnen zusammen. Trumps Erfolg ist aus dieser Sicht einfacher zu erklären als mit inhaltlichen Analysen.

Trump entsprach nämlich demselben Modus, nur mit umgekehrten Vorzeichen. Sein Angebot war die Antipathie. Die Einladung zu Hass und Ablehnung wurde erfolgreich ausgesprochen.

Lange vor der Wahl zogen die Journalisten im reichweitenstärksten Nachrichtenpodcast der Welt, »The Daily« von der *New York Times*, ein Fazit. Der Podcast startete damals bei Trumps erster Kandidatur als Wahlkampfbegleitung und hieß »The Run-Up«. Er machte, was sonst kaum ein Medienhaus im Angebot hatte, er dokumentierte Wortspenden von Wählern vor Ort, dort, wo der Wahlkampf stattfand. Im Wahlkampf 2024 machte die Zeitung genau dasselbe nun wieder und zog kurz vor der Wahl Bilanz zu Harris: »Wir wissen nicht, was für eine Präsidentin sie wäre. Aber ehrlich gesagt, wenn Sie irgendeinen Demokraten fragen, würden sie sagen, das ist ein Problem für morgen. Und solange sie die Wahl gewinnt und Donald Trump daran hindert, eine weitere Amtszeit zu gewinnen, ist es ihnen egal.«[38] Darauf folgt ein herzliches Lachen von Astead W. Herndorn. Nun ja, am Ende war die Erklärung richtig. Nur galt sie für Trump. Wir rätselten, woran es lag, dabei war den Wählern einfach egal, um was es geht. Inhalte waren die Probleme von morgen. Es ging der Mehrheit darum, die aktuell Regierenden an einer weiteren Amtszeit zu hindern. Es gewann die Kandidatur, die den Gemütszustand der Wähler am erfolgversprechendsten politisch repräsentierte.

Hierzulande exponieren sich weder Wahlkampfmanager noch Journalisten auf ähnliche Weise. Man mag es stattdessen unnötig kompliziert und verkopft. Andernfalls hätten wir tragfähige Analysen, die Helmut Kohls und Angela Merkels Fähigkeit, elterliches Urvertrauen zu erzeugen, mit dem Kanzlerverständnis von Olaf Scholz kontrastieren. Die Frage »Kann er Kanzler?« ist durchaus die richtige Frage. Würde man sie aber ernst nehmen, müsste man die Journalisten der Feuilletons über Politik schreiben lassen. Dazu fehlt in Deutschland der Mut. Allenfalls die Wochenzeitung *Die Zeit* hat 2024 ein Familienressort gegründet. Es müsste erste Anlaufstelle für politische Journalisten sein, um über die Themen zu schreiben, die Wahlen entscheiden. Wir wollen einfach nicht glauben, dass eine politische Wahl nicht nach Programm und Diskurs entschieden wird, sondern jeder Wähler für sich die Frage beantwortet: »Who you gonna call?« Ja genau, Ghostbusters! »Was glauben Sie, wer bekämpft die Monster unterm Bett am besten?«, ist eine weit treffsicherere Frage, als die Popularität von zehn PolitikerInnen namentlich anhand einer Notenvergabe von –5 bis +5 abzufragen. »Autorität lebt von einer derart diffusen Motivlage, sie verträgt keine allzu scharfe Beleuchtung«, schrieb Niklas Luhmann in seinem zeitlos aktuellen Grundlagentext »Die Politik der Gesellschaft« zum Medium Macht. Über die Aktualität solcher Sätze müssen wir heute eigentlich mehr nachdenken. Stattdessen versteht sich der politische Journalismus als Beleuchtungsbetrieb für die Politik im Format der leicht erzählbaren Daily Soaps. Wolfgang M. Schmitt hat das Problem hinter dieser Dramatik einmal eindrücklich auf den Punkt gebracht: Es ist einfach immer Tag eins. Niemand interessiert sich für Details und Geschichte, und nichts geht voran. Das gilt besonders für die Familienpolitik, insbesondere der jüngsten Jahre.

2.

Wanderung durch die Wüste: Familienpolitik seit 2023

Die Fortschrittskoalition hatte Hunderte Seiten Gesetzestexte für Familien in der Schublade. Dann warf sie alles zur Kindergrundsicherung, Verantwortungsgemeinschaft, Elternschaftsvereinbarung und Solomutterschaft in den Papierkorb.

Wir leiten in den nächsten Kapiteln eine konstruktive Wende ein, fordern und formulieren also ein neues politisches Verständnis von Familie – was durchaus ein neues Bild von Politik selbst nach sich ziehen kann und sollte. Wir durchschreiten dazu nun die aktuelle und konkrete Politiklandschaft der vergangenen zwei Jahre chronologisch, vom Sommer 2023 bis zum Ende der »Ampel«-Regierung.

Im Juni 2023 spricht der nordrhein-westfälische Ministerpräsident Hendrik Wüst von der Familie als unserem »wichtigsten Lebensraum«. Bei einem kleinen Parteitag zum Grundsatzprogramm seiner christlich-demokratischen Partei gesteht er ein, dass Kindern bei der Nutzung von Lebenschancen nicht jede Familie »ausreichend gut helfen« könne, weshalb seine Partei mit einem ihrer Ideale brechen müsse, um ein »Kinderzukunftsgeld« einzurichten. Erst nach drei Monaten formuliert die Partei die Idee auf einer Webseite aus. Kein Journalist hat sie abseits der Parteitagsrede je aufgegriffen. Zeitgleich sagt sein Amtskollege Boris Rhein, befasst mit Landtagswahlkampf in Hessen: »Man muss aufpassen, dass man die Schule nicht überfrachtet. Für vieles ist ja die Familie zuständig. Und vieles müssen Familien auch schultern.«[39]

Im Juli 2023 zerbricht die Regierung der Niederlande. Das große Streitthema: Migrationspolitik. Der Punkt, der sich nicht mehr im Kompromiss ausräumen ließ, war der Familiennachzug.[40] Zum Jahresende gewinnt Geert Wilders die Wahl. In Großbritannien erklärt der Oppositionsführer Keir Starmer, er wolle, sollte er und sein Labour-Schattenkabinett nach der nächsten Wahl die Geschäfte übernehmen, das »two-child benefit cap« der konservativen Regierungen beibehalten.[41] Dort stellt sich die Politik einfach blind. Jedwede Familienpolitik ist auf zwei Kinder pro Familie beschränkt. Nach dem überragenden Sieg seiner Partei im Juli 2024 hielt er dieses Wahlversprechen ein. Ein Politikwechsel wäre »viel zu teuer« und würde auch Kinderarmut nicht bekämpfen.[42]

September 2023: Der Eindruck, dass die Politik Kinder und Familien ignoriere, soll in Thüringen widerlegt werden. Zum ersten Mal in der Geschichte arbeiten CDU und AfD parlamentarisch zusammen. Nachdem beide Fraktionen, die gegen die Ramelow-Regierung eine parlamentarische Mehrheit hatten, die Absenkung der Grunderwerbssteuer um 1,5 Prozent beschlossen haben, erläutert die CDU ihr Hauptanliegen: »Entlastung für Familien«. Auf der Webseite erklärt die Fraktion: »Dies trägt zur Stärkung der sozialen Stabilität in unserem Land bei.«[43] Knapp ein Jahr später springt die AfD bei den Landtagswahlen über 30 Prozent, wird mit Abstand größte Fraktion des Landtags und bekommt umfangreiche neue parlamentarische Rechte, beispielsweise eine Sperrminorität. Ohne Beteiligung der AfD lässt sich nichts mehr entscheiden, wofür man eine Zweidrittelmehrheit benötigt. Die Stabilität des Landes wird durch eine Regierungsbildung herausgefordert, die alle übrigen Parteien in eine Zusammenarbeit zwingt und die AfD in eine bis dahin unbekannte Position von Superopposition bringt.

Im November 2023 erringt Oppositionsführer Friedrich Merz mit der CDU-Fraktion des Bundestags einen beispiellosen politischen Erfolg auf dem Rechtsweg. Das Bundesverfassungsgericht erklärt die Buchungspraxis des Bundeshaushalts für nichtig. Die Regeln für Verschuldung sind nun so eng, dass sich der Staat kaum mehr verschulden kann. Er muss stattdessen Ausgaben kürzen. Im *heute journal* wird Merz nach Vorschlägen gefragt: »Wo wären denn da ihre Prioritäten?« Merz antwortet: »Ich sage mal ganz konkret, die Kindergrundsicherung bringt für kein Kind und für keine Familie Verbesserungen.« Er nennt mit der »Kindergrundsicherung« ein Gesetzesvorhaben, dessen Budget die Regierung bereits auf ein Fünftel seiner im Koalitionsvertrag angedachten Größe reduzierte und zudem ins Jahr 2025 verschob. Diesen Streichposten gab es also gar nicht.[44]

Mit dem neuen Spardiktat des Verfassungsgerichts hangelte sich die Bundesregierung 2024 von einer vorläufigen Einigung zum Bundeshaushalt zur nächsten. Im Juli hieß es beispielsweise, man habe sich auf ein Budget mit 57 Milliarden Euro Investitionen geeinigt. »Also eine weitere deutliche Steigerung auf einem ohnehin rekordmäßigen Niveau«, sagte Finanzminister Lindner. Wirtschaftsminister Robert Habeck deklarierte den Entwurf mit dem Motto »Wirtschaft, Klima, Kinder«. Auf den dritten Part entfiel jedoch nicht viel. »Das Kindergeld soll im kommenden Jahr um fünf Euro auf dann 255 Euro steigen. Auch der Kindersofortzuschlag für bedürftige Familien soll um fünf Euro erhöht werden, von bislang 20 auf 25 Euro steigen.«[45] Die Regierung zerbrach, bevor diese Kleckerbeträge beschlossen werden konnten. »Mit Blick auf die Kindergrundsicherung sagte Habeck, dass viel mehr antragsberechtigte Familien nun die ihnen zustehenden Leistungen in Anspruch nehmen würden. Damit werde »eine große Gerechtigkeitslücke geschlossen«. Die geplanten 5 Euro mehr Kindergeld hat der 20. Bundestag nach den Anhebungen 2023 noch beschlossen. Als

Familienpolitik galt darüber hinaus, dass Familien ihnen längst zustehende Unterstützung auch tatsächlich bekommen, wenn sie danach fragen. Verrechnen wir alles mit der Inflation, beendete die Fortschrittskoalition ihre Arbeit mit null Fortschritt.

Was die Ampel liegen ließ

Als am 6. November 2024 die Bundesregierung zerbrach, war dies nicht das einzige und nicht das dramatischste Ereignis in der politischen Welt. Donald Trump gewann am selben Tag schließlich die Präsidentschaft Amerikas zurück. Der Tag markierte zum einen eine Zeitenwende in der politischen Großwetterlage. Zum anderen stellte er unübersehbar dar, dass Regierungskoalitionen keine von Harmonie abhängenden Ehen sind und Staatsfinanzen anders funktionieren als private Haushaltsführungen.

Dass sich der amerikanische Präsident nicht mehr dem Tugendkatalog des »guten Ehemanns« zu unterwerfen habe, um wählbar zu sein, zeigte bereits die Wahl Trumps 2016. Diesmal war der Spielraum noch größer. Die damals eingeleitete Trennung der Sphären war nun etabliert. In der Politik gelten andere Regeln als im Privatleben, zwischen beiden liegen Welten.

Eine ähnliche Botschaft hatte auch Olaf Scholz am Abend für die deutschen Wähler. Er bat den Bundespräsidenten um Entlassung seines Finanzministers, »um Schaden von unserem Land abzuwenden«, sagte er. Hier griff nicht das Zerrüttungsprinzip, sondern es wurde Schuld verteilt. Im Ohr blieben an dem Abend vor allem Scholz' direkte Aussagen über Christian Lindner. Drei Mal betonte er, worunter er »zu oft« durch Lindner gelitten habe. Als er das vierte Mal den Satz so begann, sagte er: »Zu oft hat er mein Vertrauen gebrochen.« Die Vertrauensbrüche allerdings hätte Scholz zwischenmenschlich offenbar weiter ertragen, hätte Lindner nicht »Gesetze sachfremd blockiert«, allen voran durch instrumentelle Auslegung der »Schuldenbremse«. 2009 wurde eine Änderung der Kreditregeln ins Grundgesetz aufgenommen, die Bund und Länder finanziell in Fesseln legte. Am 15. November 2023 legte das Bundesverfassungsgericht in seinem ersten Urteil zum Thema den Verfassungstext sehr streng aus. Durch das Urteil griffen auch die Regelungen zur Führung von Schattenhaushalten und etliche Notlagenregelungen nicht mehr. Der Staat durfte nur noch ausgeben, was er zuvor vereinnahmt hatte. Auch die Nachwirkungen der Corona-Pandemie oder der Angriffskrieg gegen die Ukraine änderten daran nichts.

Das eingangs zitierte Bild von Dunja Hayali, dass der Staat sein Geld wie ein Privathaushalt zu managen habe, wurde Beschlusslage des Verfassungsgerichts – mit üblen Konsequenzen. In den 358 Tagen zwischen dem Urteil vom 15. November 2023 und dem Bruch der Ampel-Koalition am 6. November 2024 quälte sich die Bundesregierung von Tag zu Tag. Ich war im ersten ARD-*Presseclub* nach dem Bundesverfassungsgerichtsurteil und in der ersten *Hart aber fair*-Sendung nach dem Ampel-Bruch zu Gast und wunderte mich über die Diskussionen der weiteren Gäste aus Politik und Medien. Die Geschichte war längst geschrieben, als wir im Fernsehen darüber sprachen, wie sich Wirtschaftsminister Robert Habeck jetzt fühle und warum Wolfgang Kubicki vor 42 Jahren weinte, als die FDP schon einmal vorzeitig eine Bundesregierung verließ.

»Wir brauchen nicht nur einen neuen Bundeshaushalt, sondern wir brauchen auch eine neue Regierung. 16. November 2023, wir stellen fest, diese Regierung wird es so nicht bis zum Ende machen. Und selbst wenn sie es macht, hinterlässt sie eine Trümmerlandschaft«, sagte ich bereits an Tag eins dieses Leidenswegs in meinem Podcast.[46]

Die Rede des Bundeskanzlers zum Ende seiner Regierung hatte die Aufgabe, den Weg in die Trümmerlandschaft noch abzuwenden. Scholz hatte darin auf die »Entweder-oder«-Haltung verwiesen, mit der die FDP alle Verhandlungen bestritt: entweder »Sicherheit oder Zusammenhalt«, »entweder die Ukraine unterstützen oder in Deutschlands Zukunft investieren«. »Dieses Entweder-oder ist Gift«, sagte Scholz. Es sei »Wasser auf die Mühlen der Feinde unserer Demokratie« und es sei »vollkommen unnötig, denn Deutschland ist ein starkes Land«. Es habe »unter allen großen wirtschaftsstarken Demokratien (...) mit weitem Abstand die geringste Verschuldung«. Kurzum: Der Staat sei keine arme Familie, die jeden Euro zweimal umdrehen muss. Der Staat habe eigene, vom Alltagsverständnis abweichende Haushaltsprinzipien und fände immer »Lösungen, wie wir unser Gemeinwesen und seine Aufgabe solide finanzieren können«.

Die Rede war besonders, weil sie den Staat wieder deutlich unterschied – von Familien, aber auch von Unternehmen. Scholz rückte die Verhältnisse gerade und etablierte den Staat wieder als Mitspieler und Adresse für Anliegen von Müttern und Vätern, Arbeitnehmern und Arbeitgebern, Investoren und Konsumenten. Der Staat als Rückhalt in der Krise statt »die Mutter wird's schon richten« und »da darf das Management nicht versagen«. Aber: Die Rede von Olaf Scholz war keine Amtsantrittsrede. Die Idee eines funktionierenden Staates war Inhalt der Abschiedsrede einer gescheiterten Bundesregierung.

Wenn wir über die Themen dieses Buchs sprechen, die die Ampel liegen ließ, müssen wir diesen Ton beibehalten. Die Rolle der Mütter in der Arbeitswelt, die Fragen zur Selbstbestimmung bei Schwangerschaften, die Rechte der geschiedenen Väter, die Wege zum Wunschkind in gleichgeschlechtlichen Partnerschaften sind zwar alle zurück auf Los geschickt worden, von der Gesetzgebung zu bloßen Wahlkampfthemen, um Wähler zu mobilisieren oder abzuschrecken. Sie bleiben aber dennoch Fragen, die die Grundlagen unserer Volkswirtschaft und unseres Verfassungsgefüges in sich tragen. Es sind Fragen, die niemand einfach für sich beantworten kann, sondern die den

Staat in Anspruch nehmen. Fällt der Staat aus, bleiben diese Themen liegen. Statt um Fortschritte geht es im Folgenden also um handfeste und dramatische Rückschritte durch politische Unterlassungen – mit Hoffnungen für den 21. Bundestag.

Fragen der Freiheit: Recht auf Schwangerschaftsabbruch

Wenn wir Familie als Raum der Freiheit verstehen, in dem wir auf die Politik als Garanten der Freiheit vertrauen und die Sicherheit erhalten, dass sie nicht zu uns unter die Bettdecke kriecht, ist das noch immer bestehende strafrechtliche Verbot von Schwangerschaftsabbrüchen eins der wichtigsten Themen der Familienpolitik. Neun Tage nach dem Ende der Ampel-Regierung trat Friedrich Merz nach einer Sondersitzung der CDU/CSU-Bundestagsfraktion vor die Presse. Er wolle »vielleicht eine Bemerkung noch machen«.[47] So klingt es, wenn man politisch empört ist. »Wir nehmen mit größtem Befremden zur Kenntnis, dass es auf die letzten Wochen dieser Wahlperiode einen Gruppenantrag aus der SPD und aus der grünen Fraktion und von Teilen der FDP gibt, den Paragraphen 218 des Strafgesetzbuches abzuschaffen. Das ist, wie Sie alle wissen, der Straftatbestand gegen den Schwangerschaftsabbruch. Dieser Gruppenantrag trägt auch die Unterschrift des Bundeskanzlers Olaf Scholz.« Der Kanzler, der gerade noch von »Unterhaken und Solidarität« gesprochen habe, engagiere sich nun bei einem »Thema, das wie kein zweites das Land polarisiert, das wie kein zweites geeignet ist, einen völlig unnötigen weiteren gesellschaftspolitischen Großkonflikt in Deutschland auszulösen«. Ab hier explizierte Merz seine Empörung: »Ich bin wirklich entsetzt darüber (…) Das ist skandalös, was der Bundeskanzler da macht, und ist das Gegenteil von dem, was er uns in seiner Regierungserklärung (…) wortreich vorgetragen hat. Dass er nämlich sich um ein höchstmögliches Maß an Gemeinsinn und an gemeinsamer politischer Entscheidung bemühen will.«

2023 gab es in Deutschland laut Statistischem Bundesamt rund 700 000 Geburten und rund 100 000 Schwangerschaftsabbrüche; aber rund 84 Millionen Einwohner. Von dem Thema, dass die Gesellschaft laut Merz in Atem hält, dass den Gemeinsinn stört und wie kein zweites das Land polarisiert, sind faktisch 0,12 Prozent der Bevölkerung im Jahr direkt betroffen. Nehmen wir die sozioemotionale Tragweite des Themas hinzu – eine Frau klärt die Frage zur Schwangerschaft nicht mit sich allein –, erhöht sich der Anteil wahrscheinlich auf 0,5 Prozent der Bevölkerung. Wieso Merz von einem gesellschaftspolitischen Großkonflikt sprechen kann, ohne Nachfragen zur fehlenden Argumentation für seine These zu erhalten, ist merkwürdig. Ebenso merkwürdig ist, dass er sich von dem Anliegen überrascht zeigen kann. Die Bundesregierung hatte schon Jahre zuvor eine »Kommission zur reproduktiven Selbstbestimmung und Fortpflanzungsmedizin« beauftragt, Vorschläge zur Änderung des Paragraphen 218 zu erarbeiten. Abtreibung ist allerdings ein Thema, dass die konservativen Parteien immer empört, bei dem sie allerdings nie argumentieren.

Schon im Oktober 2023 empörte Dorothee Bär sich darüber, dass »jetzt ohne Not so ein Konflikt heraufbeschwört« werde. Am 4. Oktober 2023 wurden Ergebnisse der Kommission publik, die Opposition reagierte sofort. Im *heute journal* des ZDF beklagte Bär, dass »dieser Frieden seit 30 Jahren« bestehe. »Und deswegen sage ich noch mal, ohne Not wird da so eine Krise gemacht.« Nur wenige Minuten später war sie in den ARD-*tagesthemen* zu hören: »Die Debatte ist natürlich ohne Not vom Zaun gebrochen.« Wieder sprach sie vom dreißigjährigen Rechtsfrieden und betonte: »Ein Kompromiss ist ja immer dann besonders gut, wenn beide Seiten unzufrieden sind.« Der amüsante Spruch lenkte davon ab, wie lang 30 Jahre sind. In Deutschland erhalten gesellschaftspolitische Regelungen über ihr Alter eine Qualität zugesprochen, die ihnen gerade wegen ihres Alters eigentlich abgesprochen werden sollte.

Zwischen der Empörung von Dorothee Bär damals und der Empörung von Friedrich Merz heute wurde das Thema tatsächlich fortentwickelt. Im April stellte die Kommission, flankiert von allen Ampel-Parteien durch Familienministerin Lisa Paus, Gesundheitsminister Karl Lauterbach und Justizminister Marco Buschmann, ihre Ergebnisse vor. Für die frühen Schwangerschaftswochen wurde eine neue »Rechtsmäßigkeit und Straffreiheit« für Schwangerschaftsabbrüche empfohlen. Für die mittlere Phase der Schwangerschaft »steht dem Gesetzgeber ein Gestaltungsspielraum zu«, schreiben die Autoren. Der ließe sich allerdings nur durch Diskussionen gestalten. Die Christsozialen blieben aber bei der reinen Empörung.

Bei der Pressekonferenz am 15. April sprach Justizminister Buschmann über »Debatten, die die Gesellschaft in Flammen setzen oder gar spalten«. Deren Ergebnis sei »nicht unbedingt gesellschaftlicher Fortschritt«. In Amerika kam es zur selben Zeit zu einer sonderbaren Entwicklung. Donald Trump hatte in seiner ersten Amtszeit eine konservative Richtermehrheit am Supreme Court hergestellt, die im Juni 2022 das vorherige Urteil zu Schwangerschaftsabbrüchen von 1973 revidierte. Die damalige Entscheidung »Roe vs. Wade« regelte, dass restriktive Abtreibungsgesetze verfassungswidrig seien. Damals entschied das Gericht mit 7 zu 2 Richterstimmen dafür, nun mit 5 zu 4 dagegen. Damit rutschte das Thema 2024 auch wieder in den Präsidentschaftswahlkampf zwischen Donald Trump und Kamala Harris. Wenige Tage vor der Wahl hielt Michelle Obama eine viel beachtete Rede unter der Überschrift »Eine Botschaft an die uns liebenden Männer«, in der sie den Fokus gänzlich auf die Themen lenkte. Dann allerdings gewann Trump. Wenige Tage nach der Wahl veröffentlichten das *Wall Street Journal* und die *New York Times* unabhängig voneinander zeitgleich fast dieselben Ausgaben ihrer reichweitenstarken Podcasts »The Daily« und »The Journal«; die *New York*

Times mit dem Titel »Why Abortion Rights Won Even as Kamala Harris lost«, das *Wall Street Journal* mit dem Titel »Abortion Was A Winning Issue – Just Not for Kamala Harris«.

Das Phänomen, das die Redaktionen beeindruckte: In 10 Staaten standen Verfassungsänderungen auf dem Wahlzettel, um Schwangerschaftsabbrüche in den Verfassungen der Bundesstaaten zu verankern und das Thema der Politik zu entziehen. In 7 Staaten waren die Ansinnen erfolgreich. Selbst in Florida gab es eine Mehrheit von 57 Prozent dafür, das Recht auf Abtreibung in der Verfassung zu verankern. Trump kam in Florida auf 56 Prozent Zustimmung. Letztlich zählte Florida aber zu den drei Staaten ohne Änderung der Verfassung, weil für Verfassungsänderungen 60 Prozent Zustimmung nötig sind.

Thematisch entwickelt sich das Land also in die progressive Richtung. In der Präsidentschaftswahl gewann allerdings die Gegenseite den Zuspruch. Fände man für beide Entwicklungen, trotz ihrer Unterschiede, dieselbe oder ähnliche Erklärungen, ergäbe diese verwirrende Wahl vielleicht doch nachvollziehbaren Sinn. Wir können an dieser Stelle und zu diesem Thema eine derartige argumentative Klammer diskutieren: Die Wahl Trumps wurde im Nachhinein über die Lebenshaltungskostenkrise in Amerika erklärt. Die Güter des täglichen Bedarfs waren schlicht zu teuer, um die allgemeine Stimmung hochzuhalten. Die Wähler wollten den Wechsel, weil sich das Programm der Biden-Regierung für sie nicht auszahlte. Der Wirtschaftshistoriker Adam Tooze hat es in seiner Analyse nachvollziehbar erklärt: Der viel gelobte »Inflation-Reduction Act« hat viele ökonomische Kennziffern ins Positive gedreht. Amerika verwies beispielsweise auf Rekordhöhen bei den Aktienwerten und hatte ein höheres Wirtschaftswachstum als alle anderen Industrienationen nach der Pandemie. Aber ausgerechnet der namensgebenden Funktion wurde das Investitionsprogramm nicht gerecht: Die Preise im Alltag waren zu hoch. Die Regierung hatte laut Toozes Analyse nur die Wahl zwischen Massenarbeitslosigkeit oder Reallohnverlust und entschied sich für Letzteres.[48]

Von der Wahl Trumps in Amerika zurück zur Abtreibungsdebatte in Deutschland: Am Abend der Veröffentlichung des Gutachtens der Regierungskommission kommentierte Julia Ruhs in den *tagesthemen*: »Die Gründe für eine Abtreibung sind dann doch manchmal überraschend banal. Weil das Geld fehlt, weil die Wohnung zu klein ist oder ups, hat einfach nicht aufgepasst.«

Wo Merz die gesellschaftspolitischen Großkonflikte sieht, sind es wohl eher die allgegenwärtigen ökonomischen Tragödien des Alltags. Die Konservativen sorgen sich um den Schutz des ungeborenen Lebens. Beim Schutz des geborenen Lebens sehen sie aber doch wieder allein die Mutter in der Verantwortung. Auf sich selbst zurückgeworfen, entscheiden die wenigen Betroffenen dann anders, als eine Mehrheit fühlt. Entsprechend fiel auch eine wahlkämpferische Gegenrede von Heidi Reichinnek aus. Die Spitzenkandidatin der Linkspartei schrieb in den sozialen Medien: »Ich (Frau, 36) sage Ihnen, Herr Merz (Mann, 69): Wenn Sie gegen Schwangerschaftsabbrüche sind, dann lassen Sie doch einfach keinen an sich durchführen.«

Recht und Biologie: mehr als zwei Eltern

Bei den Schwangerschaftsabbrüchen hat die Ampel eine selbst gestellte Aufgabe durch ihr frühes Ende aus den Augen verloren. Ein anderes Thema wurde ihr vom Bundesverfassungsgericht aufgezwungen und mit einem Datum versehen. Ende Juni 2025 muss die Bundesregierung eine Neuregelung zum 6. Artikel des Grundgesetzes vorlegen. Das Grundgesetz ist an dieser Stelle mit Ehe, Familien und Kindern befasst. Das Bundesverfassungsgericht sprach am 9. April 2024 dem biologischen Vater eines dreijährigen Sohnes neue Elternrechte zu. Der Fall ist auf den ersten Blick sehr erstaunlich. Denn biologischen Vätern konnten bis dahin Elternrechte verweigert werden, wenn ihre Kinder in Ehen der leiblichen Mütter mit anderen Männern geboren wurden. In der gesetzlichen Regelung überragte die Bedeutung der Ehe die Bedeutung der biologischen Geburtenfolge. Diese Regeln mussten somit erst für verfassungswidrig erklärt werden. Das war nun geschehen.[49] »Mit heute verkündetem Urteil hat der Erste Senat des Bundesverfassungsgerichts entschieden, dass die gesetzliche Regelung über das Recht des leiblichen Vaters, die rechtliche Vaterschaft eines anderen Mannes für sein Kind anzufechten, mit dem Grundgesetz unvereinbar ist. Sie trägt dem Elterngrundrecht leiblicher Väter nicht hinreichend Rechnung.« Diese Sachlage bricht sehr mit der Sehgewohnheit, dass den mütterlichen Instinkten eine alle Beteiligte überfordernde soziale Aufgabe zugemutet wird, während die väterlichen Instinkte geradewegs per Gesetz aus dem Bild radiert wurden.

Nun erhält der leibliche Vater seinen Platz im Bild. Für ihn wird aber niemand aus dem Bild gedrängt. Was in der Konsequenz bedeutet: Der kleine Junge, der im Zentrum der Klage stand, hat nun drei Eltern. Eine Mutter und zwei Väter. Bislang liegt es im Aufgabenbereich der Gerichte, die »sozialfamiliäre« Beziehung des Ehemanns der Mutter zum Kind zu ermessen. Kamen die Gerichte zu der Erkenntnis, dass so eine Beziehung vorliegt, war der leibliche Vater automatisch aus dem Spiel. Hier hat das Verfassungsgericht nun interveniert und dem leiblichen Vater Elternrechte zugesprochen, die bislang im Konflikt mit dem Familienrecht standen. Die Ausgestaltung der Gesetze obliegt nun der Regierung. Das Gericht hat aber schon eingeräumt, dass es Spielraum für zwei rechtliche Väter gibt: »In dieser Konstellation von mehr als zwei Trägern des Elterngrundrechts ist es Teil der Ausgestaltungspflicht des Gesetzgebers zu gewährleisten, dass die Elternverantwortung im von Art. 6 Abs. 2 Satz 1 GG vorgesehenen Sinne wahrgenommen werden kann.

Bei der Ausgestaltung der rechtlichen Elternschaft – wie hier – der Grundrechtsträger Mutter, leiblicher Vater und rechtlicher Vater ist es dem Gesetzgeber von Verfassungswegen nicht verwehrt, allen die rechtliche Elternschaft zuzuerkennen, verfassungsrechtlich geboten ist eine solche Ausgestaltung nicht.«

Justizminister Marco Buschmann ließ sein Haus zur Zeit des Urteils bereits an Neufassungen des Familienrechts arbeiten. »Wir wollen eine ehrgeizige Reform des Abstammungsrechts durchführen, wir wollen aber keine Revolution machen«, sagte er am Abend des 9. April in den *tagesthemen*. »Insofern wollen wir bei dem Prinzip bleiben, das auch unser Eckpunktepapier zum Abstammungsrecht vorsieht, nämlich dass das Prinzip der Zweielternschaft weiter gilt.« Eckpunktepapier ist ein formalisierter Begriff der Verwaltungssprache, der die kleine Hürde zwischen einem »Politiker XY fordert …« und den Beginn des parlamentarischen Prozesses markiert. Auf das Eckpunktepapier folgt der Referentenentwurf, dann der Kabinettsbeschluss und erst ab dann die Lesungen und finalen Beschlüsse im Bundestag. Der Ideenreichtum der Ampelregierung beim Abstimmungsrecht blieb also gleich in den Startlöchern stecken.

Verantwortungsgemeinschaften

Dasselbe Schicksal ereilte eines der ambitioniertesten Projekte, dem sich die Fortschrittskoalition stellte: die Verantwortungsgemeinschaft. Konzipiert ist sie im Eckpunktepapier als »gesetzlicher Rahmen«, um »persönliche Näheverhältnisse jenseits von Liebesbeziehungen oder der Ehe durch einen mehrseitigen Verantwortungsgemeinschaftsvertrag rechtlich abzusichern«. Sie ist damit etwas Neues, neben Ehe und Familie mit Kindern. Im Koalitionsvertrag hieß es: »Wir werden das Institut der Verantwortungsgemeinschaft einführen und damit jenseits von Liebesbeziehungen oder der Ehe zwei oder mehr volljährigen Personen ermöglichen, rechtlich füreinander Verantwortung zu übernehmen.«

Geschaffen hat die Regierung nun lediglich einen Text, der etwa zwei Zeitungsspalten umfasst. Das ist nicht viel, aber es ist bedeutend. Wir können uns die Verantwortungsgemeinschaft als alternatives Betriebssystem für die alternde Gesellschaft vorstellen. Eine Geburtenzahl pro Frau mit einem Wert unter zwei über mehr als ein halbes Jahrhundert bedeutet, dass demnächst Menschen ins Rentenalter kommen, die weniger auf Familie, sondern allenfalls auf einzelne Kinder zurückgreifen können, deren mühsam aufgebaute Biographien sie durch ihren eigenen drohenden Pflegebedarf nicht brechen wollen. Deutschland steckt hier in einer beispiellosen Situation, die eine politische Pionierleistung erfordert. Denn die wünschenswerten Szenarien sind unmöglich umsetzbar. Es wird in Deutschland vor 2045 keine Pflegevollversicherung geben. Selbst der eingeschlagene Weg mit stationärer Pflege bei hohem Eigenanteil gilt inzwischen als Irrweg. Derzeit »zahlen die zu Pflegenden im Bundesdurchschnitt monatlich einen Eigenanteil von 2871 Euro im ersten Aufenthaltsjahr«, ermittelte der Verband der Ersatzkassen im Sommer 2024.[50] Zum Vergleich: Das Durchschnitteinkommen lag laut Statistischem Bundesamt 2023 bei 4479 Euro brutto. Das Pflegesystem ist damit bereits im Ausnahmezustand. Entweder zehrt die stationäre Pflege das vollständige Einkommen der Kindergeneration auf, oder es nagt erheblich am geplanten Erbe.

Schon heute finden 80 Prozent der Altenpflege daher privat statt. Die Familien, die sich die stationäre Pflege ihrer Angehörigen nicht leisten können, beschäftigen in Summe mehr Haushaltshilfen, als im deutschen Pflegesystem regulär angestellt sind. Informationsangebote wie *pflege.de* informieren: »Wie finden Sie als Angehöriger Pflegekräfte aus dem Ausland? Worauf sollten Sie dabei achten? Ist die Beschäftigung polnischer Pflegekräfte in Deutschland überhaupt legal?«

Der Freiburger Gerontologe Thomas Klie, der wie kaum ein anderer das politische Innenleben des Pflegesystems kennt, sprach beim 1. Demographieforum in Dortmund im November 2024 über den einzigen Ausweg für die Herausforderungen in der Pflege: Ähnlich dem Schulsystem, das Grundschülern keine Wahl lässt, sondern streng nach Einzugsgebiet Wohn- und Bildungsstätte verkoppelt, ließe sich auch die Pflege hyperlokal verankern. Pflegehäuser sind dann keine geschlossenen Institutionen, sondern einzige Anlaufstelle und Adresse für alle mit Pflegebedarf. Die Fachkräfte arbeiten nicht nur im Haus, sondern strömen auch in die umliegenden Straßenzüge, um dem Pflegebedarf gerecht zu werden.

Hier hätte die Verantwortungsgemeinschaft ihre wichtigste Funktion. Sie könnte dieses neue staatliche Angebot mit einem neuen privaten Engagement spiegeln. Wo direkte Familienverhältnisse ausfallen, könnte die Verantwortungsgemeinschaft auf soziale Bedarfe reagieren. Die Bundesregierung sah vor, bis zu sechs Menschen dafür eine zivilrechtliche Grundlage zu schaffen, füreinander einzustehen. Die Themen des Eckpunktepapiers umfassen anwählbare Module: »Auskunft und Vertretung in Gesundheitsangelegenheiten«, »Zusammenleben«, »Pflege und Fürsorge«, »Zugewinngemeinschaft«. Die Synergieeffekte eines familialen Lebens, mit geteilten Bädern und Küchen, gemeinsamen Werkzeugkoffern, Autos und Netflix-Accounts hätten somit auch Menschen zur Verfügung gestanden, die sich relativ spät im Leben dazu entscheiden, ihr Leben nicht länger allein bestreiten zu wollen, ohne sich mit Bürgschaften vollends einander auszuliefern.

Die Verantwortungsgemeinschaft sollte als dritte Säule neben Ehe und Familie das Betriebssystem der sozialen Landkarte in Deutschland erweitern. Juristisch formuliert: »Soweit die Verantwortungsgemeinschaft in den Wirkungen einer Betreuungsverfügung (§ 1816 Absatz 2 Satz 4 BGB) oder dem Ehegattennotvertretungsrecht (§ 1358 BGB) entspricht, soll sie in das Zentrale Vorsorgeregister eingetragen werden. Näher zu prüfen ist, inwieweit eine Registrierung anderer Module angezeigt und möglich ist. Diese würde aber ebenfalls außerhalb des Standesamtswesens erfolgen.«

Wenn Sie nicht wissen, was das Zentrale Vorsorgeregister ist, zeigt das, wie weit die Bundesregierungen in den vergangenen Jahrzehnten bereits Vorbereitungen für die alternde Gesellschaften trafen, ohne dass es die Bevölkerung mitbekam. Die Verantwortungsgemeinschaft wäre der nächste große Schritt gewesen, zudem einer, von dem man auch in den Nachrichten gehört hätte. Doch nun ging die Idee erst einmal verloren.

Kinderrechte, Unterhalt und schwule Eltern

Mit der Ampel sind drei weitere bemerkenswerte Gesetzesinitiativen im fortgeschrittenen Stadium gescheitert. Wenige Tage vor dem Bruch legte das Justizministerium im Oktober 2024 mehrere Hundert Seiten lange Referentenentwürfe für Änderungen des Abstammungsrechts, Kindschaftsrechts und Unterhaltsrechts den Regierungen der Bundesländer vor.

Ein Änderungsvorschlag mit erheblicher Reichweite sollte die getrennt erziehenden Elternpaare betreffen. Bislang sah das Gesetz die Auflösung von Partnerschaften und Ehen vor allem darin, dass der Mann die Kinder verlässt, fortan Unterhalt zahlt und die Mutter Betreuung und Erziehung übernimmt. Nun sollte mit dem »asymmetrischen Wechselmodell« die Realität wieder eingefangen werden. Kinder wachsen zu selten bei nur einem Elternteil oder in einer Halbe-halbe-Verteilung zwischen Mutter und Vater auf. Hier sollte nun für jeden Einzelfall ins Detail gegangen werden. Außerdem sah das neue Gesetz kaum noch Unterscheidungen vor, ob die Eltern miteinander verheiratet waren oder nicht. Damit sollte das Kindeswohl einmal mehr betont und als eigenständige Bezugsgröße für das

Verhalten aller in den Blick geholt werden. Der Schutz des Existenzminimums des Kindes und der notwendige Selbstbehalt der Unterhaltsverpflichteten sollten neue Kategorien werden, statt Zahlungen pauschal nach der Düsseldorfer Tabelle zu kalkulieren. All das plante die Ampel unter dem Paradigma, die gelebten Realitäten nun auch gesetzlich abzubilden.

Dasselbe sollte beim Kindschaftsrecht geschehen. Die Ampelregierung plante beispielsweise ein »kleines Sorgerecht«, das Eltern ermöglichen sollte, Erziehungsbefugnisse zu übertragen, beispielsweise an neue Partner. Kindern selbst sollten neue Rechte zugesprochen werden, beispielsweise für den Umgang mit den eigenen Großeltern oder anderen Bezugspersonen wie leiblichen oder nicht rechtlichen Elternteilen. Dazu zählen beispielsweise auch Samenspender. In Deutschland nehmen beinah so viele Frauen medizinisch assistierte Kinderwunschbehandlungen in Anspruch, wie es auf der anderen Seite Abtreibungen gibt. Damit wird die Frage nach den biologischen Eltern für einen immer größer werdenden Teil der Bevölkerung ein Feld mit Regelungsbedarf.

Die Ampel plante dazu im Abstammungsrecht einen Ausbau von Elternschaftsvereinbarungen. Sie sollten das Instrument werden, mit dem beispielsweise die Mutter mit ihrem Ehemann oder neuen Partner und dem leiblichen Vater eines Kindes in einer »Dreier-Erklärung« regelt, was heute häufig erst vor Gericht geklärt wird. In einem anderen Szenario sollte es lesbischen Müttern ermöglicht werden, mit ihrer Partnerin und einem Samenspender bereits vor einer Geburt oder Zeugung zu regeln, dass das Kind zwei rechtliche Eltern hat und welche Rechte dem Samenspender zustehen, oder wie er auf sie verzichtet. Bislang muss die Partnerin der leiblichen Mutter auf ein Adoptionsverfahren warten, dass erst Monate nach der Geburt beendet werden kann.

All das bleibt nun weiterhin ungeregelt. Dabei hätte man längst die nächsten Schritte unternehmen sollen, um noch weitere neue Familienrealitäten endlich rechtlich abzubilden. Das Justizministerium wollte nämlich nur den lesbischen Müttern per Elternschaftsvereinbarung den Start ins Leben mit Kindern vereinfachen. Für schwule Pärchen wurde keine Verbesserung geplant. Sie müssen weiter den komplizierten Weg über Leihmutterschaften im Ausland gehen, also einen Weg gehen, der in Deutschland verboten ist.

Das Ende der Ampelregierung, aber auch schon die sich gegenseitig blockierende Regierungsarbeit der Jahre zuvor bedeutet für all die angesprochenen Rechtsgebiete eine enorme Zeitverschwendung. Als die Koalition mit ihrer Arbeit begann, gab es häufiger die Sprachregelung, dass man nach etlichen Jahren Stillstand die Gesetze wieder auf Augenhöhe mit ihrer Zeit bringen wollte. Aber selbst das ist eigentlich zu kurz gedacht. Die Familienpolitik sollte sich stattdessen einen gestaltenden Auftrag stellen und Angebote machen, also sensibel auf die Entwicklungen in der Gesellschaft schauen und selbstständig vorausdenken. Wir sahen nichts davon. In einer Zeit, in der der Anteil der Älteren und der Jüngeren wächst und das Erwerbspersonenpotenzial schrumpft, findet die Familienpolitik nicht eine einzige Antwort auf die vielen drängenden Fragen.

II
Die Lösungen

»Dabei wäre tatsächlich viel geholfen, wenn wir den großen Schritt nach vorn gehen könnten, Familie in erster Linie als wirtschaftliche Unternehmung zu verstehen, in der der Nachwuchs im Mittelpunkt steht und die Eltern ihren Kindern vorleben, wie soziale Beziehungen gut funktionieren, ob nun miteinander oder mit weiteren Menschen, auch in Sachen Liebe.«

3.

Wir verkehren die Vorzeichen

Neue Familienpolitik, ernst gemeint: Wo ist die Billion Euro? Warum haben wir keine Demokratie für alle? Und wann überwinden wir die biblische Ideologie von Eva und Maria?

»Blut ist dicker als Wasser.« Wir wissen, was der Spruch sagt. Und er stimmt. Das Deutsche Rote Kreuz hat nachgerechnet, und bestätigt es. Die »durchschnittliche Viskosität von Wasser liegt bei ca. 1 mPas (Millipascalsekunde); die Viskosität von Blut beträgt durchschnittlich ca. 4,5 mPas«.[51] Allerdings ist Blut an »verschiedenen Stellen des Blutskreislaufs im menschlichen Körper unterschiedlich zähflüssig, damit es seine Arbeit erledigen kann«. Es fließt noch durch die kleinsten Kapillaren von nur 0,0005 Millimeter Durchmesser und verkrustet auf offenen Wunden. Blut kann also sehr dünn sein und Wasser steinhart gefroren. Könnten wir den Spruch vom Blut und dem Wasser genauso variantenreich lesen, wie das ist, was er versucht zu beschreiben?

Es geht! Der Spruch kann auch das Gegenteil von dem meinen, was wir denken, was er meint. Das Rote Kreuz deutet den Spruch beispielsweise so: »Ursprünglich bezieht sich die Redensart auf den Abschluss von Verträgen zu Zeiten des Alten Testaments. Damals war es üblich, dass man wichtige Verträge mit Blut besiegelte (…) Das ›Wasser‹ in der Redenswendung bezieht sich entweder auf das Taufwasser oder sogar das Fruchtwasser.« Von wegen, Familie sei wichtiger als freiwillige Bande. Der Volksmund meinte es vielleicht genau andersherum. Den biologischen und religiösen Grundlagen unserer Welt gilt in dem Spruch das Wasser. Das dicke Blut dagegen bezieht sich auf die freiwillige Bande. Die Interpretationen sind vielfältig: Mal sind es Fürsten, die auf grenzüberschreitende Bünde trotz trennender Seewege verweisen; oder Vertragswerke, die Stürmen und Strömen trotzen. Man kann das Sprichwort bei den germanischen Blutsbrüdern finden und sogar in der arabischen Geschichte, in der dem Blut die Milch (der Mutter) gegenübergestellt wird.

Wie auch immer gedeutet, das Sprichwort hat etwas mit Family & Friends zu tun. Die Eheschließung begründet hierzulande beispielsweise keine Verwandtschaft. Sie ist also aufseiten der freiwilligen Bünde zu sehen, während die Elternschaft wiederum eine »Blutsverwandtschaft« herstellt, obwohl die Blutkreisläufe von Mutter und Kind getrennt sind, was zuweilen eine medizinische Herausforderung darstellt, wenn durch Komplikationen bei der Geburt anderes droht. Wir müssen uns aber auf keine Lesart verständigen, da es keinen Grund gibt, Familie gegen Freundschaft, Kinder gegen Kollegen, Nachbarn gegen Schwager auszuspielen.

In diesem Buch geht es um eine andere Unterscheidung: die von Politik und Familie. Wir alle glauben zu wissen, was Politik ist. Aber was wissen wir schon? Politik kann alles sein: Die Amerikaner ziehen die ganze Welt in den Bann einer Entscheidung zwischen zwei Personen, von denen alles abhängt. Sie benennt die Regierung, sie befehligt das Militär, sie übernimmt aus Sicht der Amerikaner das wichtigste Amt der Welt. Darüber hinaus wählen die Amerikaner ihren Sheriff, ihre Staatsanwälte und ihre Schoolboards. In Deutschland sehen wir jeden Abend den Bundeskanzler im Fernsehen. Dabei können wir ihn nicht wählen. Wir entsenden allenfalls Parlamentarier in die Stadträte, Landtage und in den Bundestag, durch Ankreuzen von Listen. Die Briten wählen ausschließlich Personen, aber nicht die für ihr Staatsoberhaupt. Das Amt bleibt in der Hand einer Familie. Die Franzosen wählen dagegen vor allem ein Staatsoberhaupt, das wiederum eine Regierung benennt. Niemand versteht, wie die Schweiz funktioniert. Alle diese Modelle firmieren unter demselben Namen: Politik.

Fragen wir in Frankreich, Amerika, Großbritannien und Deutschland danach, was eine Familie ist, lautet die einhellige Antwort: Vater, Mutter, Kind. Die sechs Frauen über 75, die sich entscheiden, eine Wohngemeinschaft aufzumachen; die Eheleute und der Erzeuger des gemeinsamen Kinds; die im Ausland gecastete Frau, die zu Hause bei der Pflege von Opa hilft, in den Familienbegriff einzupreisen, bleibt weiter schwer. In Deutschland gibt es viel mehr Kuckuckskinder, als wir glauben, und mehr privates Pflegepersonal als Angestellte im regulären Pflegesystem. Wo verorten wir die Probleme, die dort entstehen und Lösungen brauchen? Die gescheiterte Tagespolitik zum »kleinen Sorgerecht«, zu der »Solomutter«, »Verantwortungsgemeinschaft« oder der »Elternschaftsvereinbarung« für lesbische Frauen mit Kinderwunsch haben wir schon kennengelernt. Das sind die neuen Grundbegriffe, deren Scheitern Angela Merkel auf dem Cover des *Spiegel* mit »Männer!« provokant auf den Punkt brachte.

In seiner Erklärung des Scheiterns versteckte Olaf Scholz am 6. November 2024 aber eine hoffnungsvolle Botschaft, an die wir erinnern müssen, bevor wir sehr große politische Linien neu ziehen werden. Nachdem Olaf Scholz Finanzminister Christian Lindner entließ, »um Schaden von unserem Land abzuwenden«, wetterte er gegen dessen »Entweder-oder«-Staat: »Beides muss sein, Sicherheit und Zusammenhalt. Deshalb werde ich die Bürgerinnen und Bürger auch nicht vor die Wahl stellen: Entweder, wir investieren genug in unsere Sicherheit, oder wir investieren in gute Arbeitsplätze, in eine moderne Wirtschaft und eine funktionierende Infrastruktur. Dieses Entweder-oder ist Gift. Entweder Sicherheit oder Zusammenhalt (...) – diesen

Gegensatz aufzumachen, ist falsch und gefährlich. Vor allem aber ist dieses Entweder-oder auch vollkommen unnötig; denn Deutschland ist ein starkes Land.«[52]

Der Staat als dritte Instanz, an der Seite von Produzenten *und* Konsumenten, Arbeitgebern *und* Arbeitnehmern, Investoren *und* Unterstützungsempfängern – der Staat als Garant für Sicherheit und Zusammenhalt, für Family & Friends. Die Idee war gut, und sie bleibt trotz des Scheiterns richtig. Wir müssen nur immer wieder daran erinnern. Gerade Deutschland braucht einen Staat, der die Bedeutung und Funktionsweise von Familien versteht und tatsächlich Familienpolitik macht. Bei den Diskussionen zu unseren volkswirtschaftlichen Schicksalsfragen vernachlässigen wir ausgerechnet unsere wichtigsten nationalen Ressourcen am sträflichsten. Nichts bedroht den Zustand unseres Wohlstands so sehr wie der schlechte Zustand unserer Familienpolitik. Wir müssen über die großen Budgets und die Demokratie selbst sprechen!

Artifizielle Intimität: die Erfindung der Liebe

Ich begann dieses Buch mit einer namenlosen Mutter aus Süddeutschland, die während der Corona-Pandemie versuchte, ihre Kinder beim Finanzamt als Säugetiere zu deklarieren, weil ihr das einen kleinen Steuervorteil versprach. Das Urteil der Journalisten dazu lautete: Schwindel. Ich stelle diesem Fall nun die grandiose Erfolgsgeschichte einer Mutter gegenüber, die zur selben Zeit die Journalisten begeisterte. Dem angeblichen Schwindel steht tatsächlich der fraglos größte Erfolg an Lebensgestaltung gegenüber. Wir brauchen den kurzen Blick darauf auch als Puffer zu einem ungeheuerlichen Argument, das ich mir erst im nächsten Kapitel zutraue. Als Anbahnung also die kurze Geschichte einer wahren Heldin, die nicht nur ihre Familie gut durch die Pandemie brachte, sondern tatsächlich alle

Familien weltweit: Katalin Karikó heißt die Frau, die uns alle gerettet hat, und man wollte von ihr wissen, wie es ihr gelang.

Karikós Lebensweg begann 1955 in Szolnok, Ungarn. Ihr Vater war Metzger, die Mutter Buchhalterin. Sie interessierte sich früh für die Natur und studierte Biologie in Szeged, wo sie bis zur Promotion blieb. Als sie 30 Jahre alt war, ging ihrer Universität das Geld aus. Sie wollte das Land verlassen. Für die Ausreise verkaufte sie ihr Auto auf dem Schwarzmarkt und versteckte die 900 britischen Pfund, die sie dafür bekam, im Teddybären ihrer zweijährigen Tochter. Ihr Weg in den Westen gelang, ihr Weg in der Forschung blieb holprig. In Amerika fand sie Institute mit Geld, aber wirklich überzeugt war man von ihren Ambitionen nicht. Ihre mRNA-Forschung fand aber Anhänger. 2013 begann sie für BioNTech zu arbeiten. 2020 kam die Corona-Pandemie und noch im selben Jahr der mRNA-Impfstoff, den sie mitentwickelte. 2022 schloss sich der Kreis, sie kehrte als Professorin an die Universität in Szeged zurück, diesmal ohne Geldsorgen. 2023 ehrte sie das Nobelpreiskomitee für ihre Forschung. Sie wurde, nachdem mehr als 200 Männer den Preis erhielten, die dreizehnte Medizinnobelpreisträgerin.

Ihr eigentliches Meisterstück: Sie war beruflich und privat erfolgreich. Obwohl die Weltgeschichte und der Forschungsbetrieb ihr etliche Steine in den Weg legten. Nicht nur sie hat eine beeindruckende Biographie, sondern auch ihre Tochter, eine mehrfache Olympiasiegerin. Im amerikanischen Fernsehen wurde Karikó gefragt, wie ihr all das gelang. Sie sagte: »You have to find the right guy.«[53] Im Zentrum dieser dreiköpfigen Familiengeschichte mit Olympiasiegen und einem Nobelpreis für Medizin steht also eine Paarbeziehung. Der unbesungene Held ist diesmal der Ehemann. Über ihn ist wenig bekannt. Als er mit Karikó nach Amerika ging, sprach er kein Englisch und schlug sich mit Hilfsjobs durch, heißt es in Nebensätzen.[54]

Die Idee des »Mr. Right« zieht sich schon so lang durch die Geschichte wie die gegenteilige Rolle der aufopferungsvollen Ehefrau.

Sie reicht von der alten romantischen Literatur, in der Ritter mit Pferd und Schwert noch als gegenwärtiges Phänomen behandelt wurden, bis weit über die Fernsehserie *Sex and the City* hinaus, die mit einem »Mr. Big«, »Mr. Right« und »Mr. Unperfect« in Personalunion spielt.

Am interessantesten hat der britische Soziologe Anthony Giddens über die Aspekte der romantischen Liebe geschrieben, die Katalin Karikó in ihrem Satz vom Finden des richtigen Manns hervorhebt. Für uns ist das auch interessant, weil Giddens eigentlich für seine politischen Forschungsbeiträge zur Amtszeit von Tony Blair bekannt ist. Pragmatische Soziologie also, zur Liebe, dem Suchen und Finden von »the right guy«. »Die Suche ist eine Odyssee, bei der die Selbstidentität auf ihre Bestätigung durch die Entdeckung des anderen wartet«, schrieb Giddens 1992 in seinem Buch *The Transformation of Intimacy*.[55] Mit dem Folgenden lässt sich das Ganze auf die Spitze treiben: »Die Frauen in modernen romantischen Romanen sind größtenteils unabhängig und temperamentvoll und wurden durchweg so dargestellt (…) Das Eroberungsmotiv in diesen Geschichten ist nicht wie die männliche Version der sexuellen Eroberung: Die Heldin trifft und schmilzt das Herz eines Mannes, der ihr gegenüber zunächst gleichgültig und distanziert oder offen feindselig ist. Die Heldin produziert somit aktiv Liebe. Ihre Liebe bewirkt, dass sie im Gegenzug geliebt wird, löst die Gleichgültigkeit des anderen auf und ersetzt Antagonismus durch Hingabe«, schreibt Giddens weiter.

Wie das Kennenlernen der Eheleute Karikó verlief, wissen wir nicht. Wir wollen aber dem Gedankengang von Giddens in enger Verbindung mit Karikós Satz halten und lesen bei Giddens weiter: »Wenn man das Ethos der romantischen Liebe einfach als das Mittel versteht, durch das eine Frau Mr. Right trifft, erscheint es in der Tat oberflächlich. Obwohl es in der Literatur wie im Leben manchmal so dargestellt wird, ist die Eroberung des Herzens des anderen in Wirklichkeit ein Prozess der Schaffung einer gemeinsamen narrativen

Biographie.« Diese gemeinsame Biographie ist, was wir unter Familie verstehen und was selbst davon unberührt bleibt, dass wir in diesem Buch den Familienbegriff weitreichend umbauen wollen. Menschen einigen sich auf einen gemeinsam geteilten Weltentwurf. Ob es lediglich zwei Menschen, zudem unterschiedlichen Geschlechts, sind, kann offenbleiben. Entscheidend ist die Einigung auf einen einheitlichen Weltentwurf. In Unternehmen wird die Akzeptanz, dass die Anliegen eines anderen auch für einen selbst wichtig sind, mit Geldzahlungen unterstützt. Geld funktioniert sehr zuverlässig als Motivator. Andernorts wird überredet, überzeugt, verhandelt oder gedroht. In der Liebe ergibt sich der gemeinsame Weltentwurf dagegen von selbst. Man muss sich wirklich mögen.

Und doch schreibt Giddens vom Herstellen, einem »Prozess der Schaffung«, was er anklingen lässt in Sätzen wie »Die Heldin produziert Liebe« oder »Ihre Liebe bewirkt«. Weiter heißt es: »Die Heldin zähmt, mildert und verändert die scheinbar unnachgiebige Männlichkeit ihres Liebesobjekts und macht es möglich, dass gegenseitige Zuneigung zur Hauptrichtlinie ihres gemeinsamen Lebens wird.« Liebe ist in dieser Beobachtung nicht die Auslebung eines ursprünglichen, alten Gefühls, sondern Ergebnis eines konkreten und gegenwärtigen Herstellungsprozesses. Formuliert man die vermeintlichen Selbstverständlichkeiten aus und lässt Gefühle als Ursache weg, zerfällt nämlich das Bild, das sich aus den Puzzlesteinen *Liebe, Ehe, Mutterschaft, sexuelle Partnerschaft* ergibt: »Der an sich subversive Charakter des romantischen Liebeskomplexes wurde lange Zeit durch die Verbindung von Liebe mit Ehe und Mutterschaft in Schach gehalten; und durch die Vorstellung, dass wahre Liebe, einmal gefunden, für immer hält. Als die Ehe für einen Großteil der Bevölkerung tatsächlich für immer war, war die strukturelle Übereinstimmung zwischen romantischer Liebe und sexueller Partnerschaft eindeutig«, schrieb Giddens. Je nach Auflösungsvermögen und Anliegen, sich mit dem »Liebeskomplex« zu beschäftigen, konnte man schon vor mehr als

30 Jahren nur in der Vergangenheitsform über das reden, was heute als immer noch grundlegend für Familie gilt.

Schlimmer noch. Schon Giddens drehte den Spieß tatsächlich um, den Karikó ins Fernsehstudio warf: »Das Ergebnis waren oft Jahre der Unzufriedenheit angesichts der schwachen Verbindung zwischen Liebe als Formel für die Ehe und den Anforderungen des späteren Zusammenlebens. Dennoch konnte eine effektive, wenn auch nicht besonders befriedigende Ehe durch eine Arbeitsteilung zwischen den Geschlechtern aufrechterhalten werden, wobei der Bereich des Ehemanns die bezahlte Arbeit und der der Ehefrau das Zuhause war.«

Wir wollen der Familie von Karikó nichts andichten, sondern nur ihren Satz in etwas größerem Facettenreichtum betrachten. Sie wird nach ihrem Erfolgsrezept gefragt und antwortet mit einem sofortigen Verweis auf ihren Mann. Die beiden haben sich für einen gemeinsamen Weg entschieden, und den betont sie. So weit, so romantisch. Es könnte aber doch auch plausibel sein, dass Karikó mit ihrem »right guy« einen Mann meinte, der ihr das Leben für die Forschung nicht übel nahm, der seine Tochter ganz selbstverständlich zum Training und den Wettkämpfen fuhr, der sich um den vollen Kühlschrank kümmerte und auch sonst alles regelte, während seine Frau ihrer eigentlichen Leidenschaft nachging: Forschung an unsichtbaren Proteinen, fernab der traditionellen Familienorte, nachts im Labor. Der Mann als *Provider*, der seine Frau nicht mit Geld, sondern einem freien Rücken versorgt. Der Text bleibt, es wandelt sich lediglich die Lesart.

Giddens schließt sein Kapitel zur »Romantic Love and Other Attachments« mit einem historischen Fazit, aus dem wir bis heute geltende Selbstverständlichkeiten ableiten, die aber nur noch Sehgewohnheit statt Wirklichkeit sind: »In dieser Hinsicht können wir erkennen, wie wichtig die Beschränkung der weiblichen Sexualität auf die Ehe als Kennzeichen der ›anständigen‹ Frau war. Denn dies erlaubte es den Männern gleichzeitig, ihre Distanz zum aufkeimenden Bereich der Intimität zu wahren und den Zustand des Verheiratetseins als primäres Ziel der Frauen aufrechtzuerhalten.« Der »right guy« ist also uneindeutig. Wir haben eine Vermutung, was Katalin Karikó uns mit dem knappen Satz sagen wollte. Wir sehen ihre Dankbarkeit ihrem Mann gegenüber, aber wir erfahren nicht, wofür genau. Wir können nicht ausblenden, dass auch das Gegenteil in dem Satz steckt. Es hat alles zwei Seiten, zuweilen in konträrem Verhältnis. So wie Giddens uns die moderne Frau in zwei Versionen vor- und direkt gegenüberstellt: die anständige und die eigenständige Frau beispielsweise. In seinem Buch, das ist Giddens Hauptanliegen, unterscheidet er scharf zwischen leidenschaftlicher und romantischer Liebe. Damit getrennt sind auch die sozialen Sphären.

Der intuitive Zugriff auf die Begriffe führt schon recht weit. Leidenschaftliche Liebe ist kurz und intensiv, sie ignoriert Konventionen, wird sogar angeheizt vom Tabubruch. Sie stellt das alltägliche Selbstbild der Beteiligten infrage, der Rollenbruch wird bewusst kalkuliert. Sie ist sexuell orientiert und universell. Die romantische Liebe ist dagegen Summe all dessen, was wir bis heute öffentlich tolerieren, wovon wir uns erzählen. Langfristige Beziehungen von Menschen, die gemeinsam und gewinnbringend ihre Biographien gestalten, Sexualität nur privat ausleben und ihre Partnerschaft, wenn sie über sie reden, idealisieren. Man erzählt freimütig, wie man sich kennen und lieben gelernt hat. Über ein mögliches Ende redet man nicht.

Interessant ist der Zeitpunkt, den Giddens markiert. Er schreibt von der »romantischen Liebe, die sich ab dem späten 18. Jahrhundert bemerkbar machte«. Bis dahin »wurden die meisten Ehen nicht auf der Grundlage gegenseitiger sexueller Anziehung geschlossen, sondern aufgrund wirtschaftlicher Umstände. Unter den Armen war die Ehe ein Mittel zur Organisation der landwirtschaftlichen Arbeit.« Dem gegenüber stand lediglich die sexuelle Freizügigkeit in aristokratischen Kreisen. »Sexuelle Freiheit folgt der Macht und ist ihr Ausdruck; zu bestimmten Zeiten und an bestimmten Orten waren

Frauen in aristokratischen Schichten ausreichend von den Anforderungen der Fortpflanzung und der Routinearbeit befreit, um ihre unabhängige sexuelle Lust verfolgen zu können. Dies war natürlich so gut wie nie mit der Ehe verbunden.« Diese Unabhängigkeit der revolutionären Liebe ist heute ein Fall für die Männer.

Die Ehe, wie wir sie heute propagieren, ist eine Erfindung nicht nur jünger als die Erfindung der Dampfmaschine, wir haben es schon besprochen. Die romantische Liebe erreichte unsere Gesellschaft zur Zeit der Revolutionen und Kriege um Unabhängigkeit in Frankreich und Amerika. Wir können uns heute keine Gesellschaft ohne die gängigen Ehen und Kernfamilien vorstellen, wie wir uns auch keine Gesellschaft ohne Nationalstaaten vorstellen können. Dass die romantische Liebe und familiäre Ehe nur ein Effekt des technologischen Fortschritts sein sollen, müssen wir trotzdem nicht als alleinige Erklärung akzeptieren. Denn ja, ein Gefühl gehört schon dazu. Und die Liebesgefühle kamen nicht aus den Maschinen der industriellen Revolution. Frank Schirrmacher wies häufiger darauf hin: »Sie haben immer zwei Arten, einen neuen Gedanken in die Welt zu bekommen. Der eine ist durch Bücher, der andere ist durch Technologien. Wenn eine Technologie da ist, verändert sich plötzlich alles.«[56]

Im Fall der Zähmung der uns mitreißenden, die Welt aus den Angeln hebenden leidenschaftlichen Liebe in Ehe und Familie war die Literatur für die Entwicklung des Ideenhaushalts zuständig. Samuel Richardson erklärte die Liebe erstmals als individuelles Gefühl aus Sicht der jungen *Pamela* (1740). Zuvor etablierte William Shakespeare schon die Liebe von *Romeo und Julia* (1597) als Geheimnis gegen die gesellschaftlichen Gebote. Johann Wolfgang von Goethe führte *Die Leiden des jungen Werthers* (1774) über die Grenze der gesellschaftlich integrierbaren Leidenschaft. Giddens schreibt: »Der Aufstieg der romantischen Liebe fiel mehr oder weniger mit dem Aufkommen des Romans zusammen: Die Verbindung bestand in einer neu entdeckten narrativen Form.« Das Wort Romanze lässt sich bis heute relativ leicht so verwenden, dass gar nicht klar wird, ob man von einer tatsächlichen Begebenheit oder einer ausgedachten Geschichte spricht. Fragt man Menschen nach ihrem Liebesleben, antworten sie mit Erzählungen, die so artifiziell sein können wie die Idee der Romantik selbst. Nicht nur von Esther Perel, sondern auch von der Soziologin Eva Illouz gibt es kluge Denkarbeiten zur modernen Liebe, in denen das geliebte Gegenüber fast ausgeblendet wird, sodass das Wort Beziehung fast nur noch das Verhältnis Liebender zu sich selbst anstatt zu anderen Personen bezeichnet.

Liebe findet vor allem in Köpfen und Büchern statt, angetrieben von einer technologiegetriebenen Ökonomie, die ihr Publikum pausenlos mit neuen Bedürfnissen und Wünschen versorgt. Der Weg ins echte Leben ist weit, und bei dem, was wir uns vorleben, wird schnell deutlich: Liebe ist ein sehr dehnbarer Begriff, von Ehe ganz zu schweigen. Und eigentlich wissen wir längst Bescheid. Ehe geht auch ohne Leidenschaft. Liebe geht erst recht ohne Ehe. Ehe als wirtschaftliche Zweckgemeinschaft ist gang und gäbe. Liebe als purer Freizeitspaß ist nicht ungewöhnlich. Quantitativ ist all das längst normal. Qualitativ überwölbt aber immer noch der Wunsch die Wirklichkeit, wodurch die genannten Szenarien häufig doch noch als Abweichung besprochen und betratscht werden. Dabei wäre tatsächlich viel geholfen, wenn wir den großen Schritt nach vorn gehen könnten, Familie in erster Linie als wirtschaftliche Unternehmung zu verstehen, in der der Nachwuchs im Mittelpunkt steht und die Eltern ihren Kindern vorleben, wie soziale Beziehungen gut funktionieren, ob nun miteinander oder mit weiteren Menschen, auch in Sachen Liebe.

Damit ist der Anlauf für die nächste Argumentation genommen. Ob Sie, oder Leute, denen Sie von diesem Buch erzählen, verstehen oder akzeptieren, dass romantische Liebe und damit auch die moderne Ehe eine Erfindung und keinesfalls alternativlos ist, kann durchaus Privatsache bleiben. Man kann sich darüber austauschen und wundern, wie die Nachbarn leben oder die Menschen im Mittelalter wohl gelebt haben. Über einen anderen Fall neuer Liebeserfindungen müssen wir dagegen ernsthaft streiten. Denn hier kommen wir an das Ende eines langen historischen Weges.

Evas Hingabe und Marias Liebe: die Ausbeutung mütterlicher Instinkte

Dieser Abschnitt soll, damit der Streit entfacht werden kann, mit einer klaren These beginnen: Die Liebe von Eltern zu ihren Kindern wird politisch missbraucht! Wäre die moderne Ausgestaltung der Eltern-Kind-Beziehungen lediglich eine Erfindung, wäre das nicht weiter wild. Wir müssen uns aber fragen, wer den Mythos der mütterlichen Instinkte erfunden hat und wozu. Dass Eltern ihre Kinder lieben, steht heute außer Frage. Zuneigung ist ein zugkräftiger Motivator. Wenn Menschen sich mögen, passiert etwas. Egal wie weit wir den Begriff der Familie entgrenzen wollen, kommen wir nicht drum herum, dass die Biologie ein besonders Band zwischen Eltern und Kindern knüpft. Für die eigenen Kinder trägt man besondere Verantwortung, man übernimmt besondere Aufgaben, und man ist zu besonderen Opfern bereit. Das bringt uns zu einem besonderen Unterschied zwischen Familien und Unternehmen.

Das Anliegen muss daher klar und deutlich formuliert werden: Die Idee, die moderne Familie auch als wirtschaftliche Unternehmung zu reformulieren, soll den Raum für Gefühle nicht etwa beseitigen, sondern überhaupt erst erschaffen und vergrößern. Es geht also nicht darum, Familien nur noch als Unternehmen zu verstehen, sondern den Platz der Familie in der Gesellschaft neu zu finden. Umso klarer geregelt wird, wie die familiären Aufgaben zwischen Eltern, Nachbarschaft, Verwandtschaft, Staatsverwaltung und weiteren Organisationen verteilt sind, desto klarer lässt sich für die Welt der Gefühle ein neuer Schutzraum definieren. Damit ist eine private und intime

Sphäre gemeint, die sich vor allem durch einen Aspekt definiert: Der Staat und die Politik haben dort nichts zu suchen. Solch eine klare Abgrenzung ist den meisten Familien heute nur schwer möglich. Denn noch immer herrscht die »Vorstellung, dass die Selbstlosigkeit und Zärtlichkeit, die Babys brauchen, in der Biologie der Frauen fest verankert und auf Knopfdruck abrufbar ist«. Mütter werden überbeansprucht.

Diese Idee sei, man ahnt es, »eine relativ moderne«. Es ist aber auch eine »bösartige Vorstellung«, schreibt Chelsea Conaboy in der *New York Times*.[57] Conaboy begründete vor einigen Jahren den neuen, nicht abreißenden Trend, Ratgeber zur Mutterschaft in politische Sachbücher zu verwandeln. Ihre Texte dazu in etlichen Zeitungen begleitete 2023 die Veröffentlichung ihres Buches *Motherbrain* (auf Deutsch: *Mutterhirn*). Es befasst sich, daher der Titel, mit den Gehirnen werdender Mütter. »Mithilfe von bildgebenden Verfahren des Gehirns und anderen Instrumenten« ist sie der Frage nachgegangen, was tatsächlich passiert, wenn Frauen Kinder gebären. Die medizinischen Geräte brachten ihr allerdings wenig Aufklärung. Die Mediziner konnten ihr zwar durchaus von Veränderungen des mütterlichen Gehirns berichten. Allerdings »glauben Wissenschaftler jetzt, dass die Ergebnisse für jeden ähnlich sein könnten – einschließlich Väter, Adoptiveltern und nicht-binäre Eltern«. Es komme nämlich weniger darauf an, wer ein Kind zur Welt bringe, als darauf, wer »wirklich Zeit und Aufmerksamkeit in die Betreuung investiert«.

Das »Mutterhirn« ist ein soziales Phänomen! Es seien die »starken Reize«, die »Babys bieten«, die die Gefühlswelt von Eltern begründet. Dieser eher träge Prozess verändere das Leben, während die biologischen Effekte der hormonellen Umstellung während einer Schwangerschaft wieder verklingen. Aber was macht die Vorstellung, mütterliche Instinkte seien wie eine Grammatik in jeder Frau einprogrammiert, so »bösartig«, wie Conaboy schreibt? Diese Vorstellung sei »über Jahrzehnte hinweg von Männern aufgebaut, die ein Bild davon verkaufen, wie eine Mutter sein sollte«. Die »schwärmerischen Beschreibungen der Freuden der neuen Mutterschaft« bestimmen seit Jahrzehnten den Zeitgeist, besonders unter Frauen. Die Selbstbeschreibung der modernen Mutter, »die in der Lage ist, jedes Bedürfnis ihres Babys sofort zu erkennen und zu befriedigen«, hinterfragt Conaboy: »Woher kommt die Idee, dass die Mutterschaft für Frauen fest verdrahtet ist?« Es ist die Geschichte männlicher Entscheidungsträger, besonders in der Politik, die »Generation für Generation neuer Eltern, und insbesondere Müttern, die Unterstützung verweigern, die sie brauchen«.

Schaut man in die vormoderne Geschichte, bestimme das Haus als Ort des Wirtschaftens, der Politik, Religion, Bildung und Erziehung das Bild. Die Frauen mittendrin. »Doch die Industrielle Revolution ließ die Mauern näher zusammenrücken.« Männer übernahmen den aktiven und produzierenden Part in der Gesellschaft, Frauen blieben als passive Konsumenten zu Hause, der Kinder wegen. Charles Darwin garnierte das neue politische Denken mit *Listen-to-the-Science*-Biologie. In der Tierwelt sei der männliche Part immer der höhergestellte. Philosophen wie Herbert Spencer markierten, dass das »Kinderkriegen den Frauen ›Lebenskraft‹ entzieht«, was sie »emotional und intellektuell verkümmern« lasse. Psychologen wie William McDougall schrieben noch im 20. Jahrhundert davon, wie die Betreuung »zur ständigen und alles absorbierenden Beschäftigung der Mutter wird, der sie all ihre Energien widmet«. Ein für die männlich dominierte Politik recht praktisches Nullsummenspiel, das Frauen aus dem Bild drängt und zugleich ihre Überlegenheit betonte.

Unser Mutterbild wurde so bis heute im sehr engen Raum zwischen den Mythen um Eva (Schuld, Sünde) und Maria (göttlicher Wille, Wunder) und einem fragwürdigen Alltagsverständnis von Evolution eingeklemmt. Schon 1916 schrieb dagegen die »Psychologin Leta Hollingworth im *American Journal of Sociology*, dass Frauen zum Zweck der ›nationalen Vergrößerung‹ gezwungen würden zu glauben, dass ihr höchster Nutzen in der Mutterschaft liege, und zwar mit denselben Mitteln, mit denen Soldaten gezwungen würden, in den Krieg zu ziehen«. Dass wir übers »Vaterland« nach zwei Weltkriegen anders denken, ist selbstverständlich. Unser Glaube an »Mutter Natur« blieb dagegen unverändert und wird bis heute ausgebeutet.

Conaboy berichtet aus Amerika von einem Abgeordneten aus Idaho, Charlie Shepherd, der gegen einen Gesetzesentwurf zur finanziellen Unterstützung frühkindlicher Erziehung stimmte. Ihm schien es falsche Anreize zu setzen, dass es »bequemer für Mütter sei, aus dem Haus zu gehen und ihr Kind von anderen erziehen zu lassen«. In Deutschland war Ähnliches Regierungsmeinung. Die bayrische Sozialministerin warb für das Betreuungsgeld (die sogenannte »Herdprämie«) mit Verweis auf »Langzeitstudien, dass frühe Krippenbetreuung keine messbaren Bildungsvorteile, dafür aber möglicherweise Risiken für die emotionale Entwicklung mit sich bringen kann«.[58] Während sich der amerikanische Politiker für sein lautes Denken entschuldigte, mündete die Diskussion in Deutschland noch in ein Gesetz. Die Bundesregierung konzipierte das Betreuungsgeld als Alternative zur Kinderbetreuung in öffentlich geförderten Kindertagesstätten und zahlte Eltern für jedes Kind 150 Euro im Monat. Als das Bundesverfassungsgericht das Gesetz 2015 für nichtig erklärte, wies es darauf hin, dass das Betreuungsgeld »überwiegend von Müttern und nur zu sehr geringem Anteil von Vätern« in Anspruch genommen wurde. In Zahlen: »94,6 Prozent der Leistungsbezüge erfolgten durch Mütter.«[59] Die Idee der Christsozialen ging auf.

Die CSU konzipierte erst 2018 das Familiengeld ohne Anreize, die Kinder zu Hause zu betreuen. Formal gesehen also endlich alles in Ordnung? Nein! Wie tief die bösartige politische Ideologie von den mütterlichen Instinkten verankert ist, zeigte sich während der Corona-Pandemie. Mit den Verordnungen zu den Schulschließungen wurden mehrere Jahrzehnte Fortschritt in der Gleichstellungspolitik gestrichen.

In den Studien, Erhebungen und Befragungen sind es immer wieder die Mütter, die genannt werden. »Mütter in der Krise« heißt es bei der Hans-Böckler-Stiftung. »Mütter fühlen sich stärker belastet, gleichzeitig ist ihr Vertrauen in den Staat auf einen Tiefpunkt gesunken. Die Mütter sind deutlich unzufriedener mit dem Krisenmanagement als der Rest der Bevölkerung«, sagt Bettina Kohlrausch, wissenschaftliche Direktorin des Wirtschafts- und Sozialwissenschaftlichen Instituts.[60] Das Institut für Arbeitsmarkt und Berufsforschung, eine Behörde der Bundesregierung, titelt: »Ähnlicher Arbeitszeitausfall, aber bei Müttern höhere zusätzliche Belastung durch Kinderbetreuung«.[61] Der Text behandelt die »Arbeitsmarktwirkung der Covid-19-Pandemie«. Die Details sind schockierend: »Für beschäftigte Mütter mit Kindern bis zwölf Jahren stieg die insgesamt für Job, Pendeln, Kinderbetreuung und Haushalt aufgewendete Zeit im Frühjahr 2020 um acht Stunden pro Woche, für Väter um drei Stunden; für Personen mit älteren Kindern oder ohne Kinder im Haushalt sank die zeitliche Gesamtbelastung leicht.« Es gibt dafür keinerlei funktionale Begründung, sondern allein ein unhinterfragtes, pfadabhängiges Denken, dass es – wenn es hart auf hart kommt – die mütterliche Liebe als letzte Instanz schon richten werde.

Chelsea Conaboy hat den wirkmächtigen Mechanismus beschrieben, indem sie den Frauen ins Gehirn geschaut hat. Es ist nicht die Biologie, die begründet, weshalb die Mütter der ultimative Fallback bei allen Krisen sind. Es ist das soziale Gefüge! Als zuständig für ein Kind gilt immer derjenige, der die meiste Zeit mit ihm verbringt. Die Mechanik verstärkt und festigt sich selbst. Je mehr Krisen bewältigt werden müssen, desto mehr werden Mütter in die Verantwortung genommen – für nicht stattfindenden Unterricht, nicht erreichbare Hausärzte, nicht fahrende Straßenbahnen, nicht bezahlbare Urlaube. Alle in der Gesellschaft warten auf den nächsten Jahrgang gut ausgebildeter Arbeitskräfte, aufgeklärter Wähler, kaufkräftiger Kunden und trainierter Soldaten; aber die Verantwortung für sie im Kindesalter übernehmen allein die Mütter: Ihre Liebe wird es schon richten!

Uns darüber aufzuklären, ist das eine. Wir wissen aber, dass solche Diskussionsanliegen stets versanden. Es gibt nur einen Bereich, der jenseits von Familie elternähnliche Aufgaben übernimmt, ohne sofort alle Beteiligten ökonomisch zu ruinieren: die Vereinsarbeit im Breitensport und in der kulturellen Bildung. Dieser soziale Raum findet aber journalistisch kaum Beachtung und politisch noch weniger Würdigung. Er ist auch zeitlich sehr limitiert. Sobald sich ein Kind mehr als vier Stunden pro Woche in Vereinen aufhält, muss sich die Mutter rechtfertigen, ob sie ihrem Kind nicht zu viel zumute.

Bleibt also nur die kleine publizistische Konfrontation an dieser Stelle. Ich möchte ein paar Szenarien vorstellen. Ihre Nennung erfolgt aus lediglich einem Grund. Mir geht es nicht darum, etwas zu fordern. Ich möchte aber verdeutlichen, was wir heute als selbstverständlich erachten und was wir demgegenüber als politisch völlig unmöglich erachten – obwohl es auch genau andersherum sein könnte. Die folgenden Szenarien erscheinen also als abenteuerlich, aber versuchen Sie als Leser mal, Gegenargumente zu begründen.

Szenario 1: Wenn eine Schule geschlossen bleiben muss, weil die Heizung ausgefallen ist, muss der Unterricht im nächstgelegenen Tagungshotel stattfinden. Der finanzielle Aufwand ist mit Steuergeldern zu bezahlen.

Szenario 2: Wenn eine alleinerziehende Mutter es aufgrund ihrer Arbeitszeit nicht schafft, ihrem Kind Abendessen zuzubereiten, muss das Kind durch Dritte bewirtet werden. Der organisationale und finanzielle Aufwand ist von der Kommune zu leisten.

Szenario 3: Eine Kindertagesstätte muss die Arbeitszeit der Eltern immer vollständig abdecken. Wenn ein Kind angemeldet wird, dessen Mutter auch nachts arbeitet, muss die Kita die Betreuung gewährleisten.

Ist das nicht alles viel zu teuer? Ja, klar! Wir haben uns aber daran gewöhnt, finanzielle Lasten zu externalisieren. Sie kennen die Diskussion zum Klima. Unser Wohlstand beruht auch darauf, dass wir die Umwelt- und Klimazerstörung nicht in unsere Produkte einpreisen. Über das Ausmaß dieses Verdrängens der wahren Kosten klären wir uns nur langsam und nur gegen erhebliche Widerstände auf. Auf ähnliche Weise strapazieren wir die Globalisierung zu unseren Gunsten. Als Bundesentwicklungsminister Gerd Müller 2021 sein Amt verließ, schlussfolgerte er aus den Reisen in alle Welt: »Es ist unbegreiflich, aber durchschnittlich arbeiten 50 Sklaven für jeden von uns.«[62] Wir sind stolz auf unsere Leistungsgesellschaft. Aber unser Wohlstand überbeansprucht die Umwelt, das Ausland, und in der dritten Dimension der Ausbeutung hängt unser Wohlstand an der Überbeanspruchung der Mütter.

Die Ökonomin Christine Rudolf gab ausgewählten Familien eine App an die Hand, in der sie ihre Care-Arbeit zu Hause wie in einem Logbuch festhalten sollten. Dann rechnete sie die Werte für Deutschland hoch: »825 Milliarden Euro ist der Wert der unbezahlten Care-Arbeit, die pro Jahr in Deutschland geleistet wird; meist von Frauen.«[63] Auf ähnliche Werte kamen Wirtschaftswissenschaftler eines Forschungs- und Beraterunternehmens in der Schweiz: »Würden unter den verschiedenen Tätigkeiten unbezahlter Sorgearbeit lediglich Kinderbetreuung und Angehörigenpflege durchschnittlich entlohnt, beliefe sich allein ihr Wert auf 1,2 Billionen Euro.«[64] Das allein ist schon ein spektakulärer Wert. Für unsere Fragestellung haben sie ihn noch auf die Leistung der Frauen zugeschnitten: »Nur der Wert der von Frauen geleisteten Kinderbetreuung und Pflege beliefe sich auf 826 Milliarden Euro.« In ihrem spektakulären Buch *Süß. Eine feministische Kritik* ging Ann-Kristin Tlusty 2021, also mitten in der Pandemie, im Kapitel »Sanft« darauf ein, wie weit ich meine Leistungsabrechnung treiben müsste, würden tatsächlich alle weiblichen Selbstverständlichkeiten ehrlich eingepreist: »Die sanfte Frau ist gut im Geben, niemals laut, niemals fordernd. Still leistet sie das, was verschiedene Strömungen des Feminismus mal als Reproduktionsarbeit, mal als Care-Arbeit bezeichnen. Still legt sie auf diese Weise fortwährend das Fundament allen kapitalistischen Wirtschaftens (…) Sanft zu sein bedeutet, ständig beschäftigt zu sein (…) Das Patriarchat war schon immer halbwegs einfallsreich darin, mannigfaltige Erklärungen dafür zu finden, warum das Kümmern eine weibliche Aufgabe sein solle. Diese reichen von besonderer Begabung über altruistische Veranlagung bis zu biologisch-natürlichem Schicksal – und gleichen sich darin, dass Sanftheit ihnen zufolge eine Eigenschaft und keine Leistung ist.«[65]

Sind Sie, lieber Leser, ein Politiker, bleiben Sie beruhigt. Hier soll es nur um die ermittelte eine Billion Euro gehen. Um diese allerdings mit Nachdruck, denn sie ist auch politisch längst spruchreif. Die Bundesregierung selbst kalkuliert in dieser Höhe: »Unbezahlter Sorgearbeit kommt eine hohe ökonomische Bedeutung zu: Schätzungen gehen davon aus, dass 2013 Haushalte 35 Prozent mehr Zeit für unbezahlte Arbeit als für bezahlte Erwerbsarbeit aufgebracht haben«, schreibt das Familienministerium. »Das entspräche einer Bruttowertschöpfung in Höhe von 987 Milliarden Euro. Damit liegen die Tätigkeiten der Haus- und Familienarbeit deutlich über der Wertschöpfung des produzierenden Gewerbes.«[66] Diese Zahlen stammen ursprünglich vom Statistischen Bundesamt, Norbert Schwarz, der Referatsleiter für Verteilungsrechnung, Kontensystem, Vermögenseinkommen hat sie 2014 fürs Arbeitsministerium zusammengestellt.[67] Ich schreibe das so detailliert, damit deutlich wird, dass sich der politische Verwaltungsapparat für solche Fragen interessiert, die Zahlen kennt und dass es eine Zusammenarbeit der Behörden und Ministerien in diesen Fragen gibt.

Interessant ist auch das Datum, wann das Familienministerium die Zahlen erneut publizierte: März 2020. Wir wissen, dass zwischen ihrer Erhebung 2013 und der erneuten Publikation 2020 keine ernsthaften familienpolitischen Fortschritte zu verzeichnen waren. Und wir wissen, dass im März 2020 die Corona-Pandemie begann, die den Bedarf an Fortschritt in der Familienpolitik dramatisch steigerte. Wir können daher heute, ohne Aktualisierung der Zahlen von 2014, festhalten: Der wirtschaftliche Wert der mütterlichen Liebe wird in Billionen Euro gemessen.

Alle Welt wartet auf die nächsten Jahrgänge, die die Mütter liefern. Der Beitrag der Unternehmen zur Fürsorge und Versorgung ihrer künftigen Erwerbspersonen liegt jedoch bei null Euro – Eva und Maria sei Dank. Ist es nicht grotesk, dass trotz aller Säkularisierung und Moderne die Leistungsfähigkeit unserer Volkswirtschaft davon abhängt, wie weit wir es mit der biblischen Ideologie treiben, dass sich die Mutter in selbstloser Hingabe einem göttlichen Auftrag unterwirft?

Kindergrundsicherung: Familienpolitik braucht kein Programm

Im Jahr 2023 interessierte sich die Diakonie für die Kinderarmut in Deutschland und beauftragte DIW Econ, ein Unternehmen für Wirtschaftsforschung- und Beratung, Informationen zusammenzustellen. Die Aufgaben der Diakonie werden aus den christlichen Geboten abgeleitet, das Interesse liegt nahe. In den Ergebnissen, die in der Bundespressekonferenz vorgestellt wurden, spielten auch die volkswirtschaftlichen Dimensionen eine wichtige Rolle. Das ist für uns interessant, weil wir die Billion Euro geldwerten Vorteil, den die deutsche Volkswirtschaft aus der Arbeit in Familien schöpft, weiter aufschlüsseln können.

Maximilian Priem, der die Kalkulationen präsentierte, umriss Kinderarmut als gesamtwirtschaftlichen Schaden in Höhe von 3,4 Prozent des Bruttoinlandprodukts. »Dabei hat sich die Studie in erster

Linie auf Arbeitsmarkt- und Gesundheitsfolgekosten beschränkt«, fügte er an. »3,4 Prozent des Bruttoinlandprodukts sind im Jahr ungefähr 110 bis 120 Milliarden Euro« (Stand 2019).[68] Politik und Wirtschaft wollen die finanzielle Lücke nicht schließen, die Eltern können sie nicht schließen.

Ulrich Lilie stellte als damaliger Präsident der Diakonie die Zahlen mit vor und schilderte Erfahrungsberichte. Wirtschaftliche Schäden durch Kinderarmut kommen dann auf, wenn die Schullaufbahn nicht gelingt und der Nachwuchs nicht bereit für den Arbeitsmarkt ist. Entweder qualifizieren dann Unternehmen teuer nach, oder der Staat bleibt durch Zuschüsse zum Lebensunterhalt auf Kosten sitzen. Lilie beschrieb das Nichtgelingen von Schulbildung an einem Beispiel in Hannover. »Der Schuldirektor einer Grundschule in einem Stadtbezirk sagte mir, ein Drittel der Kinder, die hier ankommen, sagen, ich soll mich hier melden. Die stehen da ohne irgendjemanden anderen, die haben keinen Ranzen dabei, gar nichts, und fragen, was passiert denn jetzt hier? So sieht der Schulanfang für diese Kinder in Hannover aus.«

Solch eine Schilderung legt Gedanken nahe, dass den Eltern ja wohl nicht zu helfen sei; dass man hier mit Geld auch nichts mehr machen könne; oder man vermutet klassisch rassistisch: andere Länder, andere Sitten. Doch solchen Gedanken widersprach Lilie direkt: »Das wirklich obszöne Vorurteil, dass Eltern einkommensschwacher Familien Hilfen nicht an ihre Kinder weitergeben, wird ja immer wieder beschworen. Bereits 2018 (…) hat eine Bertelsmann-Studie, die jetzt nicht als linksradikale Organisation verschrien ist, gezeigt, dass gerade Eltern in schwachen wirtschaftlichen Verhältnissen alles bereit sind, dafür zu tun, dass es ihren Kindern besser geht.« Welche Schlussfolgerungen ziehen wir aus diesen Sätzen? Kann es sein, dass konstruktive und hilfreiche Familienpolitik gar kein politisches Programm braucht, sondern dass die einfachste Logik hier besonders viel Zugkraft hat: Gegen Armut hilft Geld!

Die angesprochene Studie der Bertelsmann Stiftung fängt den »obszönen« Zeitgeist tatsächlich gut ein. »Eltern in einkommensschwachen Familien sehen sich mitunter dem Vorwurf ausgesetzt, sie würden für die Kinder gedachte Geldleistungen zweckentfremden, etwa für Unterhaltungselektronik, Alkohol oder Zigaretten.«[69] Sieben Forscher gingen dem nun nach. Die Zigaretten brachen sie auf tägliche Anzahl herunter, und beim Alkohol differenzierten sie Bier, Wein, Spirituosen und vier Konsumdimensionen. Die Ergebnisse: »Ein Einfluss auf den Kauf oder Besitz von Unterhaltungselektronik kann nicht nachgewiesen werden.« – »Für Frauen in Haushalten mit Anspruch auf Landeserziehungsgeld ist die Wahrscheinlichkeit zu rauchen im Zeitraum 2002 bis 2008 erhöht. Seit 2009 ist ein derartiger Effekt nicht mehr nachweisbar.« – »Ebenso führt das Landeserziehungsgeld nicht zu einem gesteigerten Alkoholkonsum.«

Der Text zu den Ergebnissen endet mit einem deutlichen Hinweis. Lesen Sie ihn auch zwischen den Zeilen: »Da auch Sachleistungen und zweckgebundene Geldleistungen wie beim Bildungs- und Teilhabepaket wegen der hohen Verwaltungsausgaben nie in voller Höhe bei den Kindern ankommen, plädieren wir angesichts der Studienlage zumindest für eine Beweislastumkehr und einen Verzicht auf einen Generalverdacht gegenüber Eltern in einkommensarmen Haushalten.« Kann es sein, dass Geld tatsächlich zweckentfremdet und verschwendet wird, aber nicht aufseiten der Familien, sondern beim Staat, der es in seiner Verwaltung versickern lässt? Eine am Geldwert orientierte, pauschale Lösung – man zahlt den ärmeren Familien einfach bedingungslos mehr Geld aus –, könnte nicht nur den betroffenen Familien weiterhelfen, sondern sogar manche Staatsangestellte von zweckloser Arbeitslast befreien und auch ihnen mehr Zeit für ihre Familie gönnen.

Marcel Fratzscher, der als Präsident des Deutschen Instituts für Wirtschaftsforschung die Studie zur Kinderarmut 2023 mit vorstellte, sah entsprechend wenig Not für politische Programmatik, aber Bedarf für die neuen Paradigmen: »Eine wirklich wichtige Veränderung (...) wäre, dass man wirklich die Logik des Sozialstaats umdrehen würde. Nicht, dass die Berechtigten es einfordern müssen, beantragen müssen, was häufig mit viel Bürokratie verbunden ist, sondern dass der Staat in die Pflicht geht, zu sagen, wir stellen sicher, dass Menschen Hilfe bekommen, wenn sie einen Anspruch haben.«

Im Verhältnis von Staat und Familie solle die Politik Bring- und Holschuld umkehren. Kinderarmut entstehe nämlich auch durch die Lücke im System, dass Eltern ihren Anspruch nicht geltend machten. »Es ist schockierend, nur 35 Prozent nehmen diese Leistungen in Anspruch«, die zielorientiert gebündelt werden sollten. »Wir müssen weg von einem Sozialstaat, der passiv ist, der konditionierend, sanktionierend ist, hin zu einem Sozialstaat, der befähigend, unterstützend ist, der vorbeugend ist, der gar nicht erst die Probleme entstehen lässt. Ich glaube, das ist ein ganz wichtiges Element.«

Ich erwähnte schon, dass Robert Habeck es als familienpolitischen Fortschritt verstand, Familien 2024 noch mal zu sagen, dass eine Bürokratie bereitstehe, in der sie sich Unterstützung organisieren könnte. Nur versprach der Koalitionsvertrag der Bundesregierung von 2021 ja viel mehr. Auf Seite eins steht »Mehr Fortschritt wagen«, und ab Seite 78 wurde die »Kindergrundsicherung« vorgestellt. Im Koalitionsvertrag wurde vom »Neustart der Familienförderung« gesprochen, der die meisten finanziellen Ansprüche in eine »Förderleistung bündeln« und »ohne bürokratische Hürden direkt bei den Kindern ankommen« lassen soll. Es sollte sogar ein »neu zu definierendes soziokulturelles Existenzminimum« formuliert werden.[70] Das war wie gesagt 2021. Zwei Jahre später fragten Journalisten beim Finanzminister nach: »Ist die Finanzierung der Kindergrundsicherung ab 2025 geregelt?« Die Antwort: »Als Merkposten haben wir für 2025 zwei Milliarden Euro veranschlagt. Es gibt aber noch kein Konzept der Bundesregierung und damit keine präzise Kostenschätzung.«[71]

Wir haben beziffert, dass Familien insgesamt einen volkswirtschaftlichen Beitrag in Höhe von 1 Billion Euro leisten. Nun hören wir, dass sich der finanzielle Aufwand der Bundesregierung, Familien weiter zu unterstützen, auf einen »Merkposten« in Höhe von 2 Milliarden Euro beschränkte. Dass Christian Linder ein Konzept fehlt, obwohl pauschale Geldzahlung allein schon ausreicht, ist das eine. Dramatischer ist noch, dass Lindner »erst Spielräume erarbeiten« wollte. Die Journalisten fragen nach: »Was bedeutet ›erarbeiten‹?« Lindner antwortet: »Wer etwas Neues finanzieren will, muss sagen, woher das Geld kommen soll – sprich, was nicht mehr finanziert werden soll.« Angesicht der Ausbeutung unserer Umwelt, des globalen Südens und der Familien in Billionenhöhe, ist es absurd, Diskussionen zu forcieren, wem nun etwas weggenommen werden sollte. Das gilt insbesondere, da die Zahlungen zur Unterstützung von Kindern als Investitionen gelten können wie kaum eine andere finanzielle Aufwendung. Das heißt: Man muss niemandem etwas wegnehmen und auch niemanden ausbeuten. Man muss lediglich warten. Die Investition trägt sich von selbst über ihren *return on investment*. Die relevanten Fragen sind also: Wie hoch ist die Rendite, und wann ist mir ihr zu rechnen?

Die Wirtschaftswissenschaftler Tom Krebs und Martin Scheffel haben die Werte 2017 in ihrer Studie »Lohnende Investitionen« ermittelt. Auf Hunderten Seiten werden staatliche Programme in die Infrastruktur durchgerechnet. Die Investitionen in Kinder sind die lukrativsten. »Die fiskalische Rendite der hier untersuchten staatlichen Investitionen in Kitas und Schulen ist 14,3 Prozent.«[72] Wie lange braucht es nun, bis die Schuldenstände wieder Vor-Investitionsniveau haben? Wie lang dauert es, bis sich die laufenden Kosten für bessere Kitas und Schulen von selbst tragen und sogar Gewinne abwerfen? »Die fiskalische Amortisationszeit des Investitionsprogramms in Kitas und Schulen ist 11 Jahre.«

Die 14,3 Prozent Rendite ließen sich konkret mit dem Ausbau von Ganztagsschulen erzielen. Die beiden Autoren verrechnen in der Studie die Zahlen zum Betreuungsbedarf, der Fachkräftesuche und weitere Aspekte, über die die Behörden der Bundesregierung offizielle Bücher führen. »Erstens steigert der zusätzliche Unterricht den Bildungserfolg der betroffenen Kinder, sodass zeitverzögert die Anzahl der Erwerbspersonen mit abgeschlossenem Berufs- oder Hochschulabschluss wächst.« Das allein allerdings dauert. Schneller greifen die Vorzüge für die Eltern. »Zweitens hilft der Ausbau des Ganztagsangebots in Kitas und Schulen den betroffenen Eltern bei der Kinderbetreuung und führt so zu einer Ausweitung des Arbeitsangebots.« Insbesondere Alleinerziehende können mehr berufliche Chancen wahrnehmen. Kinder von Alleinerziehenden können mehr Förderung erhalten. Zudem können sinkende Sozialausgaben und ein höheres Steueraufkommen im Staatshaushalt verrechnet werden. 14 Prozent Rendite heißt für die Beteiligten Win-win-win-win. Die Eltern profitieren, die Kinder profitieren, die Unternehmen profitieren, der Staat profitiert.

Stattdessen haben wir Studienwissen darüber, dass in Deutschland jedes Jahr rund 50 000 Schülerinnen und Schüler ihre Bildungslaufbahn gänzlich ohne Abschluss beenden.[73] Insgesamt gelten 630 000 junge Menschen als verschollen im Niemandsland zwischen Schullaufbahn und Berufsleben. Bettina Weiguny hat sich für die *FAZ* auf die Suche gemacht. »Sie arbeiten nicht, studieren nicht, machen gar nichts – ein Jahr, zwei Jahre oder länger. Angesichts unbesetzter Lehrstellen und Fachkräftemangels rückt die Gruppe der ›Neets‹ – die Abkürzung steht für ›Not in Education, Employment or Training‹ – ins Zentrum des Interesses.«[74] Kriegt man dieses gigantische Erwerbspersonenpotenzial aus dem Abseits in den Arbeitsmarkt? »Das geht nur durch ›quasitherapeutische Begleitung‹, eine »harte Eins-zu-eins-Sozialarbeit«, erklärt ihr ein Sozialarbeiter. Ein Betreuungsverhältnis von eins zu eins ist teuer. Diesen Kosten ließe sich vorbeugen, wenn die Bildung besser funktionierte. Nur hört man von den deutschen Ministerpräsidenten, die für Bildung die Verantwortung tragen, in

Gesprächen Ungeheuerliches: »Ohne es vielleicht zu wissen, triffst du da in der Tat einen wunden Punkt, weil wir in Schleswig-Holstein im Moment eigentlich, wenn man rein die steigenden Schülerzahlen annimmt, mehr Lehrerstellen schaffen müssten, als wir es jetzt tun. Und wir werden das nicht tun, weil wir nicht genügend Geld haben«, erklärt Daniel Günther, Ministerpräsident von Schleswig-Holstein, im Sommer 2024.[75] Auch er setzt also auf die Hoffnung, dass es die Familien schon richten werden.

Die Hoffnung geht nicht auf. »Fast drei Millionen junge Menschen zwischen 20 und 34 Jahren haben keinen Berufsabschluss«[76], vermeldeten die Abendnachrichten zur selben Zeit. Für diese Menschen entscheidet sich jetzt gerade, ob sie 30 oder 40 Jahre in die Sozialkassen einzahlen, oder vom Staat Zuwendungen brauchen. Die Nachrichtensendung berichtet aus einer nicht betrieblichen Ausbildungsstelle als letzter Anlaufpunkt für junge Menschen, den Sprung auf den Arbeitsmarkt noch zu schaffen. »Hier wird das Arbeitstempo an dich angepasst und nicht an die Montage«, sagt eine Neunzehnjährige in der Werkstatt. »Seit mehr als 40 Jahren bekommen junge Menschen wie Laura hier eine zweite Chance«, heißt es weiter. Ihr Ausbilder, der am Nächsten an den Biographien und Schicksalen dran ist, von denen der deutsche Wohlstand abhängt, sagt: »Das macht schon stolz, weil wir den Menschen, die man sonst abgeschrieben hat, die Möglichkeit geben, weiterzukommen.« Diese Hoffnung geht voll auf: »Fast alle hier schaffen es später auf den ersten Arbeitsmarkt«, sagt der Bericht. Doch dann fällt der entscheidende Satz: »Finanziert wird die Ausbildung in der Jugendwerkstatt zum Großteil aus dem Bundeshaushalt.« Das System steht nach 40 Jahren vor dem Aus.

Wir wechseln zurück ins Gespräch des Ministerpräsidenten Daniel Günther, der direkt nach seinem Spruch zu den Lehrerstellen sagt: Wenn der Weg zum Geld für den Staat aber bedeute, »dass er Schulden aufnimmt, dann läuft etwas im Finanzierungssystem in unserem Land falsch. Dann brauchen wir auch höhere Steuern. Das ist definitiv so.« Auf diese Meinung aus ihren eigenen Reihen sollte man die CDU dringend festnageln. Sie bricht mit unseren politischen Sehgewohnheiten – und stellt einen Ausweg aus der Ausbeutung der Familien dar. Der drittgrößten Volkswirtschaft der Welt mangelt es schließlich nicht an Geld. Das Geld ist da, die jungen Menschen sind da, die Bildungs- und Integrationskonzepte sind da und die auf den kommenden Jahrgang wartenden Unternehmen sowieso. Aber 1 + 1 + 1 + 1 soll einfach nicht 4 sein.

Dieses Drama wurde ein Jahr zuvor als konkretes Schauspiel aufgeführt. Die Protagonisten sind alle bekannt, es ist das Ensemble der Bundesregierung. Das Drehbuch ist der Bundeshaushalt, die Bühne sind die Abendnachrichten. Am 18. August 2023 tauchte Familienministerin Lisa Paus darin auf. »Sie fordert mehr Geld etwa für Kinder, die von Armut bedroht sind, und hat deswegen ihre Zustimmung zum Wachstumschancengesetz vom damaligen FDP-Finanzminister Lindner erst mal verweigert«, hieß es in den *tagesthemen*.

Der erste Akt begann mit einer sehr einfachen Themensetzung. Das Bundeskabinett beschließt alles nur einstimmig. Er verweigerte ihr die Kindergrundsicherung. Sie verweigerte ihm das Wachstumschancengesetz. Dieser Konflikt musste nun gelöst werden. Auch das *heute journal* sprach von einem »Schlagabtausch in der Ampelkoalition«. »Die grüne Ministerin, die den Fehlstart der Regierung nach der Sommerpause ausgelöst hatte, indem sie ein Gesetz des FDP-Kollegen kurzerhand blockierte, legte heute noch mal nach.« Anlass der Berichterstattung: »Nach drei Tagen Kamerascheue beraumte Lisa Paus für den Nachmittag ein Pressestatement an.« Die berichtenden Journalisten fragten sich: »Wie einsam sich Politikerinnen in bestimmten Momenten fühlen, wie dünn sie selbst das Eis einschätzen, auf dem sie sich gerade bewegen, wie gefährlich es also womöglich im Moment für sie ist.«

Zwei Tage später, am 20. August, betrat der Zampano die Bühne. Die *tagesthemen* berichten: »Im Streit der Ampelkoalition über die geplante Kindergrundsicherung hat Bundeskanzler Scholz die Kabinettsmitglieder zur Zurückhaltung aufgerufen.« Auch die Szenerie wurde variiert: »Beim Tag der offenen Tür der Bundesregierung appellierte der SPD-Politiker, die Diskussion nicht öffentlich auszutragen.«

Doch wer hat in der Gemengelage eigentlich das letzte Wort, wenn selbst der Regierungschef einen Parteichef hat? Auch er betrat die Bühne. Im *heute journal* warnte SPD-Chef Lars Klingbeil. Wen? Das blieb unklar. Sein Wortlaut: »Jeder, der am Kabinettstisch sitzt, das ist ja ein Privileg, auch diesem tollen Land dienen zu dürfen, indem man Ministerin oder Minister ist. Und ich erwarte von jedem, dass man auch den Pflichten nachgeht und dass man dazu beiträgt. Und ich gehe schon davon aus, dass alle auch gehört haben und dass wir jetzt sehr schnell zu einer Einigung kommen.« Klingbeil kann Minister aus einer Regierung wegbefehlen. Allerdings nur seine Parteikollegen, also weder Christian Lindner noch Lisa Paus.

Über den Sachstand, der aus dem Bild gedrängt wurde, hatten die *tagesthemen* schon zwei Tage zuvor aufgeklärt: »Derzeit sind 11,2 Prozent der Familien mit zwei Kindern armutsgefährdet. Durch die von der Bundesregierung geplante Kindergrundsicherung und einfacheren Zugang zu Leistungen wären es nur noch 10,3 Prozent.« Die weiteren Erklärungen waren ungewöhnlich einfach zu verstehen: »Erhielten die Familien pro Kind einen weiteren monatlichen Zuschuss pro Kind von 50 Euro, sinke die Quote auf 9,4. Und bei einem Zuschuss von 100 Euro auf 8,5.« Es gilt also tatsächlich die Logik: Gegen Armut hilft Geld.

Der Finanzminister sah es anders und erhielt Beistand aus seiner Partei, der FDP. Damit öffnete sich auch die Bühne. Denn sprachen bislang Mitglieder der Bundesregierung über geplantes Regierungshandeln, zählt Bijan Djir-Sarai als Generalsekretär der FDP eigentlich zum regierungspolitischen Vorfeld. Die Partei nutzte diesen Umstand, um ihre Haltung prägnanter zu formulieren. Djir-Sarai sagte in den *tagesthemen*: »Wir können uns in der jetzigen Situation nicht eine Ausweitung des Sozialstaates erlauben. Das geht nicht, sondern derzeit geht es darum, den Wirtschaftsstandort Deutschland wieder zukunftsfähig, wieder wettbewerbsfähig zu machen, damit wir überhaupt in der Lage sind, gute Jobs zu haben, damit die Menschen dementsprechend auch später ihre Familien durch Jobarbeit ernähren können. Ich glaube nicht, dass wir Kinderarmut effektiv bekämpfen, indem wir einfach pauschal den Eltern irgendwelche Summen überweisen. Das ist aus meiner Sicht keine überzeugende Lösung.«

Der Konflikt dreht sich also um das Vorzeichen derselben Idee, dass entweder die Wirtschaft gut laufen muss, um Familien ein gutes Leben zu ermöglichen, oder dass die Familien Ressourcen brauchen, um den Unternehmen Arbeitsleistungen zur Verfügung stellen zu können. Tatsächlich haben beide recht, nur ist das Verhältnis zirkulär, ohne Anfang und Ende. Betont man nur die Familien oder nur die Unternehmen, ergibt sich für alle nichts. 1 + 1 bleibt dann 0. Von einer funktionierenden Kindergrundsicherung würde das Wirtschaftswachstum profitieren, Wirtschaftswachstum kann Kindern eine Grundsicherung garantieren. Statt aber den Knoten zu zerschlagen, wurde das Schauspiel weitergeführt, eng an den Protagonisten, weit weg von der Sache.

Christian Dürr, als Fraktionsvorsitzender der Bundestagsfraktion der FDP etwas näher am Geschehen der Bundesregierung, versuchte die Rollenverteilung im laufenden Betrieb anzupassen. Er war auch am 20. August im *heute journal* zu hören: »Ich hätte mir gewünscht, ganz offen am vergangenen Mittwoch, dass es alle so sehen wie Robert Habeck, der Bundeskanzler und wir als FDP, nämlich, dass Deutschland ein Wachstumschancengesetz braucht, damit wir auch wirtschaftlich durchstarten. Wir sind ein sehr starkes und tolles Land.«

Lisa Paus wurde also isoliert. »Es war eine Ministerin, die ihr Veto eingelegt hat, was ich schade finde. Denn wir könnten jetzt richtig durchstarten.« Egal was er im Fortgang des Gesprächs gefragt wurde, er kam immer wieder darauf zurück. Dass es eigentlich um Millionen von Kindern ging, griff er selbst auf: »Im Übrigen, das will ich kurz sagen (…) weil die Familienministerin zu Recht auch auf Kinderarmut hinweist. Das größte Risiko für Kinderarmut ist ja die Arbeitslosigkeit der Eltern. Und da müssen wir besser werden, dass mehr Menschen in Jobs kommen. Und das heißt Wachstum. Und an der Stelle, glaube ich, wird sie sich eines Besseren besinnen, hoffe ich jedenfalls. Und ich würde mich freuen, wenn die Grünen sich da intern einig werden.«

Das größte Armutsrisiko ist tatsächlich nicht das Arbeitsverhältnis der Eltern, sondern das zwischenmenschliche Verhältnis der Eltern. Wächst ein Kind bei nur einem Elternteil auf, wächst es mit fast fünfzigprozentiger Wahrscheinlichkeit in Armut auf. Anne Gellinek, die Moderatorin der Sendung, interessierte sich für den Konflikt: »Unterdessen hat Ihr Parteichef Christian Lindner, Finanzminister, heute ja die Sinnfrage gestellt, ob die Kindergrundsicherung überhaupt der richtige Weg ist. Das klingt ja so, als ob Sie sich jetzt nicht einigen wollen.«

Wir wissen heute, dass auch Tage, Wochen, Monate und sogar Jahre später zwar eine politische Entscheidung fiel, aber das Problem nicht gelöst wurde. Sie hatte also recht, die FDP wollte keine Einigung bei der Kindergrundsicherung, sondern setzte eine Blockade des Gesetzgebungsvorhabens durch. Christian Dürr nahm die Frage allerdings noch zum Anlass, die Kindergrundsicherung als Vehikel für weiteren Unternehmerschutz zu benutzen: »Ich will das kurz einordnen, Frau Gellinek. Ich sagte vorhin schon den ersten wichtigen Punkt. Die Arbeitslosigkeit der Eltern ist das größte Risiko für Kinderarmut in Deutschland. Und da müssen wir besser werden. Mehr Wachstumschancen, das erwähnte ich vorhin. Ich bin sicher, dass das entsprechende Gesetz bald kommen wird.« Es ist diese einseitige Logik des zweiseitigen Problems: Familienpolitik, ja, aber nur als Wirtschaftspolitik.

Zudem nutzte Dürr die Gelegenheit, Djir-Sarais Testballon etwas näher ans Regierungshandeln zu rücken: »Zum Zweiten ist es so, dass man schon die Frage stellen muss, ob einfach nur höhere Sozialtransfers, Deutschland ist ja international auf dem Spitzenplatz, wir haben hohe Sozialleistungen in Deutschland, ob das schon reicht gegen Kinderarmut oder ob wir nicht über bessere Bildungschancen reden müssen.«

Die weitere Demontage des Gesetzes nahm schließlich Robert Habeck als Wirtschaftsminister vor, er fiel seiner Parteifreundin Lisa Paus am Tag darauf in den Rücken. Im *heute journal* wurde er nach seinem Urlaub gefragt: »Sie sind gerade aus dem Urlaub zurück. Wie schön ist das denn, wenn man im Urlaub damit quasi aufwacht, dass eine Parteifreundin den nächsten großen Konflikt in der Koalition vom Zaun gebrochen hat?« Dass Schicksal von Millionen von Kindern, die in der drittgrößten Volkswirtschaft der Welt in Armut aufwachsen, war hier nur noch Kulisse. Die Unternehmen wollen wissen, wie es um den nächsten Jahrgang steht, doch im Fernsehen wird der Wirtschaftsminister nach seiner Laune und seinem Urlaub gefragt. Er führte das Schauspiel allerdings widerspruchslos fort und sagte: »Das hat mit Urlaub ja nichts zu tun. Das ist natürlich jetzt kein Glanzstück gewesen.« Damit hat er zuerst Lisa Paus angezählt und dann, statt über das grüne Anliegen Kindergrundsicherung zu sprechen, Christian Lindner, Christian Dürr und Bijan Djir-Sarai gewürdigt: »Andererseits kommt das Wachstumsbeschleunigungsgesetz jetzt in der Kabinettsklausur in Meseberg, und auch bei der Kindergrundsicherung sind wir auf gutem Weg.« Er ignorierte schlicht Lisa Paus' Vorstoß, die Kindergrundsicherung als Tagesordnungspunkt einer Kabinettssitzung der Bundesregierung zu erzwingen: »Also, wenn man mal jetzt den Streit beiseitelässt, kein Schaden in der Sache. Wir kriegen das alles gut hin.«

Am 27. August wurde der Politikwissenschaftler Karl-Rudolf Korte in derselben Sendung gefragt, ob er bei der Kabinettsklausur im

Schloss Meseberg Neuigkeiten von der Bundesregierung erwarte. Er sagte: »Nein, nur schöne Bilder. Ich erwarte da gar nichts. Eine Wiederholung dessen, was wir bisher auch erlebt haben.« Die Luft war raus, obwohl die Nachrichtenlage vom Bundeskanzler selbst noch anders gestaltet wurde. Am Tag zuvor hieß es beispielsweise in den *tagesthemen*: »Bundeskanzler Scholz hat eine schnelle Einigung im Streit um die Kindergrundsicherung angekündigt. Die Regierung werde bis nächste Woche klären, wie die Sozialleistungen für Kinder konkret ausgestaltet werden sollen, sagte der Kanzler.«

Dazu kam es. Am 28. August gab es eine Bundespressekonferenz von Lisa Paus und Christian Lindner mit dem Titel »Einigung bei der Kindergrundsicherung«. Ich habe oben aus dem Koalitionsvertrag zitiert. Die Fortschrittskoalition plante einen »Neustart der Familienförderung«. In der Pressekonferenz hörte man dazu wenig. Auszüge von Lisa Paus: »Der Kindergarantiebetrag ist der neue Name für Kindergeld. Aber bis auf den Namen ändert sich nichts.«[77] Des Weiteren sagte sie: »Um tatsächlich effektiv Kinderarmut zu vermeiden, also sie abzuschaffen, braucht es natürlich einen größeren Impuls. Das ist völlig klar. Das sagen alle Wissenschaftler.« Das Gesetz ist nun geschrieben, aber es sei »kein Geheimnis, dass ich im Einklang mit sehr vielen WissenschaftlerInnen und Verbänden einen noch größeren Schritt im Kampf gegen Kinderarmut für notwendig erachte«.

Christian Lindner schlussfolgerte explizit, man habe »auch keine generellen Leistungserhöhungen verabredet«. Welches Ziel hat das neue Gesetz dann? Lindner erklärte: »Mein Anliegen, unser Anliegen ist es, Erwerbsanreize zu erhalten. Das Beste, um Armut zu überwinden, ist Arbeit. Denn der Grund für Kinderarmut ist ja oft die Armut an Arbeit, an Integration, an Sprachkenntnissen der Eltern. Deshalb darf von einer Reform der sozialen Unterstützungsleistungen für Familien kein Anreiz ausgehen, sich nicht um Erwerbsarbeit, um Integration und Sprachkenntnisse zu bemühen.« Das Gesetz für die Kindergrundsicherung ist eine wirtschaftspolitische Maßnahme, die den Interessen der Arbeitgeber dienen soll, nicht den Eltern. Kurz vor Schluss sagte Arbeitsminister Hubertus Heil, der auch an der Pressekonferenz teilnahm: »Aber ich will eins noch mal sagen, bevor wir hier kleinteilig auszählen, wer gewonnen hat oder nicht: Es haben die Kinder in Deutschland gewonnen mit dieser Einigung. Es ist ein großer Fortschritt erzielt worden.«

Diesen Fortschritt konnte die Koalition für sich verbuchen – das Gedöns war vom Tisch, die Familienministerin isoliert und der Weg für die Kabinettsklausur frei. Am nächsten Morgen konnte das Treffen in Meseberg beginnen. So endete die Woche dann mit den schönen Bildern und einem Zehnpunkteplan »für den Wirtschaftsstandort Deutschland«, in dem die Worte »Familie« und »Kinder« nicht mehr vorkommen mussten. Nachdem ein Journalist in der Pressekonferenz aber doch noch nach der Kindergrundsicherung als weiterhin lauernde »Atombombe« für die Koalition fragte, begann Christian Lindner seine Antwort mit den Worten: »Ach, schauen Sie, die Fraktion Bündnis 90 / Die Grünen hat Vorschläge unterbreitet.« Zu deren »Recht, ihre autonome Position zu kennzeichnen und auch eigene politische Projekte auf den Weg zu bringen«, wolle er aber nichts mehr sagen.[78]

Es lagen nur wenige Wochen zwischen der Bundespressekonferenz, die den volkswirtschaftlichen Schaden durch Kinderarmut mit einem dreistelligen Milliardenbetrag bezifferte, und der Bundespressekonferenz, in der Bundesfinanzminister Christian Lindner die Armut von Eltern als Notwendigkeit für die Unternehmen darstellte. Wie kann es zu solch einer Schieflage zwischen akademischer Diskussion und politischer Gesetzgebung kommen? Die Sprachlosigkeit des Journalismus ist eine Antwort. Am 27. August 2023 gab es einen ARD-*Presseclub* zur Familienpolitik. Jörg Schönenborn eröffnete die Sendung: »Ich will beginnen, Frau Thomae, mit etwas, was man so bei Seminaren und Workshops immer macht, um die Phantasie zu erweitern. Da heißt es dann, stellen Sie sich vor, Sie hätten Zauberkraft und Sie könnten eine Maßnahme bewirken mit dieser Zauberkraft. Es geht um arme Kinder in Deutschland. Von welcher Maßnahme würden Sie träumen, von der Sie glauben, die wäre die beste?«

Eine Frage nach Zauber und Glaube statt nach Argumentation und Geld. In der Runde der Journalisten wird das einfach aufgenommen: »Wenn ich echte Zauberkräfte hätte, würde ich alle Schulen im Land, wo das nötig ist, einmal baulich, tippitoppi, schön hinzaubern.« Diese Antwort hilft keiner Familie. Aber zumindest betont dieses Sprechen noch mal, woran es mangelt: »Ordentliche Gebäude, prima Ausstattung, schöner Freizeitbereich und dann gleich noch dafür sorgen, dass die personelle Ausstattung stimmt, dass da Fachkräfte sind, dass da auch Sonderpädagogen, Sonderpädagoginnen sind, die den Kindern helfen können, die das brauchen. Ich glaube, das hätte, wenn man Zauberkräfte hätte, den allergrößten Effekt.« Kein Wort dazu, was das kostet und dass diese Kosten eigentlich Investitionen mit 14,3 Prozent Rendite sind. Der Einfachheit halber schwenkten alle in den Singsang ein: »Ich würde mich meinen beiden Vorrednern anschließen. Ich würde, wenn ich nur einen Wunsch frei habe, auch in der Tat dafür sorgen, dass Schulen und Kindergärten das sind, was sie in Sonntagsreden beschrieben werden.«

Karin Christmann vom *Tagesspiegel* kam auf die hundert Milliarden Euro zu sprechen, die Kinderarmut koste. Sie wollte die wissenschaftlichen Zahlen aber nur noch mal mit einer journalistischen Meinung delegitimieren: »Also, es hat ja vor vergangene Woche noch mal diese Kurzstudie des DIW für Aufsehen gesorgt. Da wurde quasi mit Verweis auf die OECD gesagt, Kinderarmut kostet uns 3,4 Prozent des Bruttoinlandprodukts pro Jahr. Das ist eine absolut furchteinflößende Schreckenszahl. Da heißt es dann, ja, das sind die aktuellen Kosten und die Folgekosten von früherer Kinderarmut, weil eben jemand vor 30 Jahren arm war und dann jetzt vielleicht nicht den Job hat, den er haben könnte. Und da kann man dann einfach sehr viel reinrechnen.«

Jörg Schönenborn warnte da schon, im »Dschungel und Gestrüpp von Zahlen (…) jetzt nicht zu stolpern und sich verschlingen zu lassen.« Dabei hätte man dem Publikum tatsächlich viel mehr Zahlen und weniger Zauber zumuten können.

Am Ende der Sendung, in der traditionell Publikum per Telefon zugeschaltet wird, meldete sich der Zuschauer Thorsten Hund. »Guten Tag, alle zusammen im Studio und hier auch an die Fernsehzuschauer. Mir stellt sich bei der ganzen Diskussion die Frage, und hier offenbart sich mir auch die Problematik, wie schäbig wir als Gesellschaft mit unserem wertvollsten Gut, nämlich unserem Nachwuchs umgehen. Warum begreifen wir nicht (…), dass wir als wertvollstes Gut immer nur die Kinder haben? Und was nützt uns eine von Christian Lindner unterstützte Wirtschaft, wenn die Kinder nicht entsprechend gefördert werden, gerade wenn sie in ihrer Ausbildung und in ihrer Jugend nicht die richtigen Impulse bekommen? Dann kann Christian Lindner mit seinem Geld machen, was er will, dann geht alles den Bach runter. (…) Wir sollten bei Kindern mal endlich darauf achten, dass egal ist, wie viel es kostet. Es ist vollkommen egal. Alles, was die Kinder brauchen, muss finanziert werden. (…) Und alle Menschen, die mehr als genug Geld auf dem Konto haben, die aber jetzt keine Steuern zahlen müssen beziehungsweise nur marginal, müssen viel härter herangezogen werden. Jeder hat sich daran zu beteiligen.«

Dieser Anruf wäre eine passende Prämisse für die Sendung gewesen, doch statt Wissenschaft und Journalismus nur Zauber und Glaube.

Child Penalty statt Gender-Pay-Gap

Sie werden das Muster bis hierhin bereits erkannt haben. Beim Thema Familie nützen die kleinen politischen Steuerungen und Stellschrauben wenig. Vielleicht dekorieren politische »Verbesserungen«

sogar nur die Fassaden von Systemen und verdecken damit umso mehr die Fundamente, an die wir längst ran sollten. Die Rettung der unmittelbaren Lebenswelt benötigt große Sprünge – finanziell und konzeptionell. An einer entscheidenden Stelle wurde 2023 ein neuer Maßstab etabliert, der für die wissenschaftliche und politische Beobachtung von Familien von kaum zu überschätzender Tragweite ist. Das Konzept des Gender-Pay-Gap wurde abgelöst vom Konzept der »Child Penalty«.

Der Gender-Pay-Gap, die Lohnlücke zwischen Männern und Frauen, ist in vielen Ländern der Welt inzwischen ein bekanntes Phänomen. In Deutschland wird beispielsweise jährlich der »Equal Pay Day« ausgerufen, um auf den politischen Missstand hinzuweisen, dass Frauen bis zu einem bestimmten Tag im Jahr im Grunde ohne Vergütung arbeiten. 2024 lag dieser auf dem 6. März. Bis dahin waren 66 Tage des Schaltjahrs mit 366 Tagen vergangen, also 18 Prozent. Die Kalkulation kommt vom Statistischen Bundesamt. Das informierte zu Jahresbeginn 2024: »Frauen haben im Jahr 2023 in Deutschland pro Stunde durchschnittlich 18 Prozent weniger verdient als Männer.«[79] Die Bezugsgröße ist somit der Lohn pro Stunde. Zur Illustration wird aber das gesamte Jahr verwendet. Schon darin liegen methodische Unschärfen, die fragwürdig machen, was die Kennziffer aussagt. Nichtsdestoweniger gibt es historische Trends, die in der Pressemitteilung des Statistischen Bundesamts angesprochen werden: »Zu Beginn der Messung im Jahr 2006 betrug der geschlechterspezifische Verdienstabstand noch 23 Prozent. Seit 2020 verharrt er bei 18 Prozent.« Die Diagnose hat zwei Dimensionen: Es gibt ein offensichtliches Problem, aber offenbar keine tragfähige Lösung. In den ostdeutschen Bundesländern kletterte der Gender-Pay-Gap sogar auf 7 Prozent, obwohl er 2006 noch bei 6 Prozent lag. Auf diese Hinweise im ersten Absatz folgt eine Zwischenüberschrift mit folgendem Wortlaut: »Ab Anfang 30 nimmt der Verdienstunterschied zwischen Frauen und Männern fast stetig zu.« Der zweite Absatz beginnt daraufhin so: »Frauen in Deutschland sind bei der Geburt ihres ersten Kindes durchschnittlich rund 30 Jahre alt.«

An dieser Stelle ist 1 + 1 tatsächlich einfach 2. Dennoch bleiben die Autoren des Statistischen Bundesamts im Konjunktiv: »Ab diesem Alter stagniert ihr durchschnittlicher Bruttostundenverdienst nahezu, während er bei den Männern mit zunehmendem Alter fast stetig ansteigt. Das könnte daran liegen, dass Frauen im Laufe ihres Erwerbslebens familienbedingt häufiger ihre Karriere unterbrechen und in Teilzeit arbeiten.« Es »könnte« so sein. Wir wollen die zurückhaltende Formulierung des Statistikers als Professionalität verbuchen. Die Zahlen sind tatsächlich besonders plausibel und aussagekräftig. Um das Alter von 30 Jahren sind Geburten besonders zahlreich, mit ihr beginnt der Gender Gap. 2020 begann die Corona-Pandemie, die den Gender-Pay-Gap zementierte. Wenn Eltern auf staatliche Verordnung hin die Betreuung ihrer Kinder selbst anbieten müssen, tauschen sie die Familienarbeit gegen Lohnarbeit ein, dann steckt klugerweise derjenige mit dem geringeren Beitrag zum Haushaltseinkommen zurück – die Frau.

Zwei Drittel der Lohnlücke zwischen Männern und Frauen erklären die Statistiker anhand sozialer Merkmale: »Demnach ist ein Großteil der Verdienstlücke darauf zurückzuführen, dass Frauen häufiger als Männer in Branchen, Berufen und Anforderungsniveaus arbeiten, in denen schlechter bezahlt wird. Außerdem sind sie häufiger in Teilzeit oder geringfügig beschäftigt als Männer, was ebenfalls mit geringeren durchschnittlichen Bruttostundenverdiensten einhergeht.« Bereinigt man die 18 Prozent des Gender-Pay-Gap um diese Phänomene, vergleicht man also nur noch Männer und Frauen mit gleicher Qualifikation, Tätigkeit und Erwerbsbiographie, lässt sich nur noch eine Lohnlücke von 6 Prozent ermitteln. Der Equal Pay Day liegt für die kinderlose Frau auf beruflicher Augenhöhe also am 22. Januar. 2024 ging es damit um 15 Werktage. Das ist noch immer viel, aber schon eher kosmetischer als substanzieller Natur. Um darüber weiter aufzuklären, hat das Statistische Bundesamt 2023 einen »Gender Gap Simulator« veröffentlicht.[80] Dieser trägt »Pay« nicht im Namen, da es nicht nur um die Lohnlücke, sondern noch einige andere Unterschiede geht: Erwerbsbeteiligung, Branchen, Lohnniveaus, Arbeitszeiten. Wie unterschiedlich arbeiten Frauen und Männer? Was gilt als Arbeit, wo beginnt das Leben? Der Simulator liefert Antworten für Deutschland und weitere Länder der Europäischen Union.

Wir gehen nun der einen, der für uns interessantesten Frage nach. Aufgeworfen haben sie die Wirtschaftswissenschaftler Henrik Kleven, Camille Landals und Gabriel Lelte-Mariante von der Princeton University und der London School of Economics. Zeitgleich zur Arbeit des Statistischen Bundesamts am »Gender Gap Simulator« entwickelten sie nämlich den »Child Penalty Atlas«. Mit Fördergeldern der Europäischen Kommission und der Bill and Melinda Gates Foundation erarbeiteten die Forscher für das amerikanische National Bureau of Economic Research eine neue Kennziffer. Der Unterstützerkreis zeigt die globale Ausrichtung der Fragestellung. Aus 134 Ländern wurden Daten zusammengetragen, um über die Lage der Mütter zu reden. Sie sagen: »Die Child Penalty – die Auswirkungen der Elternschaft auf Frauen im Vergleich zu Männern – erklärt den Großteil der beobachteten geschlechtsspezifischen Ungleichheiten auf dem Arbeitsmarkt. Dies legt nahe, dass die Untersuchung von Child Penalty im Zentrum der Forschung zu Geschlechterungleichheiten stehen sollte.«[81] Forschung dazu gebe es aber in kaum einem der Länder, weshalb nun 95 Prozent der Weltbevölkerung unter der Prämisse erforscht werden sollen, dass nicht der allgemeine Gender-Pay-Gap, sondern der Zuschnitt auf Elternschaft im Mittelpunkt der Diskussion stehen sollte. Dem können wir plausibel beipflichten. Wenn der bereinigte Gender-Gap in Deutschland bei 6 Prozent liegt, müssen die 12 Prozent ja irgendwo abgeblieben sein. Wenn Bereinigung bedeutet, Männer und Frauen direkt miteinander vergleichbar zu halten, geht das nur in den Kriterien, wo diese Gleichheit vorliegt. Das sind dann die genannten: Qualifikation, Tätigkeit und Erwerbsbiographie. Wandert der Pay-Gap also dorthin, wo sich Männer und Frauen eindeutig unterscheiden?

Die Webseite *childpenaltyatlas.org* klärt uns auf. Sie zeigt eine Weltkarte, in der die Länder teilweise grau und dann in verschiedenen Abstufungen von leicht gelb bis tiefrot gefärbt sind. Diese Ansicht gibt es in drei Versionen. 1. Gender-Pay-Gap. 2. Child Penalty. 3. Anteil des Gender-Pay-Gap, der durch Child Penalty erklärt wird. Dieser dritte Wert ist für uns besonders interessant. Er liegt bei spektakulären 97 Prozent. Der Gender-Pay-Gap in Deutschland ist dieser Forschung nach nahezu vollständig aus einem einzelnen Kriterium ableitbar. Er beträfe demnach nicht das Verhältnis Männer und Frauen, sondern Mutter oder kinderlos – egal ob Mann oder Frau.

Entsprechend passend ist nun auch die Namensgebung des Phänomens: Penalty heißt Strafe oder Sanktion. Das Wort wird viel im Sport verwendet, im Fußball für den Elfmeter, im Handball für den Freiwurf. Dass im Familienrecht Kinder als »eheliche Nachteile« verhandelt werden, ist also gar nicht so sonderbar, sondern trifft vielmehr den Nagel auf den Kopf. Die Autoren weisen darauf hin, dass man sich entwickelte Sozialstaaten wie Deutschland genau anschauen muss, da durch das Ermöglichen langer Elternzeiten oder steuerrechtliche Förderungen von Familien finanzielle Nachteile von Frauen auf dem Papier stehen, die sich im Alltag nicht so ausgeprägt finden lassen. Doch es gilt der Hinweis, dass diese Verrechnungen nur funktionieren, wenn sich die Frau der Mutterrolle fügt, also in Teilzeit nicht voll durchstartet und an der Seite ihres besser verdienenden Ehemanns bleibt.

Je genauer hingeschaut wird, was junge Menschen den Weg abschneidet, ihren Kinderwunsch umzusetzen, desto mehr sollte dazu tendiert werden, Familienpolitik als Mütterpolitik zu verstehen. Männer sind von ihr nur indirekt betroffen. Die Geburt eines Kindes führt für die neuen Väter weder zu Einkommenseinbußen noch zu

Lücken in der Erwerbsbiographie. Die Forscher haben sie nicht gefunden. Dennoch hören wir doch allerorten von den neuen Vätern in Teilzeit, Vätern, die auch mal in der Kita auftauchen, zu Elternabenden gehen, Elternzeit nehmen und vieles mehr. Männer, die sich so selbst beschreiben, sollten sich nicht als besonders modern ansehen. Sie nutzen lediglich Spielräume, die nicht erkämpft werden mussten, sondern die ihnen einfach eingeräumt wurden – weil Unternehmer und Politiker wissen, dass sie nichts anderes akzeptiert hätten. »Die Mutter wird es schon hinkriegen« ist ein Satz, so selbstverständlich, niemand muss ihn aussprechen. Er gilt schlicht nicht für Väter! Niemand sieht einen Mann mit seinem 3 Monate alten Kind und sagt oder denkt, »er wird das schon packen«. Man freut sich allenfalls darüber, dass die Mutter auch mal frei hat. Wir haben es vorhin schon kalkuliert: Von den 1 Billion Euro, die Familien pro Jahr volkswirtschaftlich erwirtschaften und die niemand bezahlt, steht grob gerundet bereits 1 Billion Euro den Müttern zu. Aber nicht nur bekommen sie die Care-Arbeit nicht entlohnt, man kürzt ihnen auch noch den Lohn bei der Erwerbsarbeit.

Demokratie für alle: Familienwahlrecht

Laut Bundeswahlleiter gab es 2021 zur Bundestagswahl 60,4 Millionen Wahlberechtigte. Zu der Zeit befanden sich laut Statistischem Bundesamt 83,2 Millionen Menschen im Land. 22,8 Millionen Menschen konnten somit nicht an der Wahl teilnehmen, weil ihnen die Berechtigung dazu fehlte. Das Wahlrecht kennt mehrere Ausschlusskriterien. Man könnte beispielsweise von Jugendlichkeit und Migrationsgeschichte betroffen sein und ist dann doppelt von der aktiven politischen Mitbestimmung ausgeschlossen. Das kann bei genauer Betrachtung zu bizarren Situationen führen. Man könnte beispielsweise als junger Mensch mit folgender Aufgabe befasst sein:

1 Gegeben ist die in $\mathbb{R} \setminus \{-2;2\}$ definierte Funktion $f: x \mapsto \frac{6x}{x^2-4}$. Der Graph von f wird mit G_f bezeichnet und ist symmetrisch bezüglich des Koordinatenursprungs.

a) Geben Sie die Gleichungen aller senkrechten Asymptoten von G_f an. Begründen Sie, dass G_f die x-Achse als waagrechte Asymptote besitzt.

b) Bestimmen Sie das jeweilige Monotonieverhalten von f in den drei Teilintervallen $]-\infty;-2[$, $]-2;2[$ und $]2;+\infty[$ der Definitionsmenge. Berechnen Sie zudem die Steigung der Tangente an G_f im Punkt $(0 \mid f(0))$.

(zur Kontrolle: $f'(x) = -\frac{6 \cdot (x^2+4)}{(x^2-4)^2}$*)*

Von der Fertigkeit, mehrere Seiten solcher Aufgaben zu absolvieren, hängt ein erheblicher Teil der eigenen Biographie ab. Welchen Beruf wird man ergreifen? Wie viel Geld wird man verdienen? Wird man studieren dürfen? Wird man lernen dürfen, was man möchte? Die Aufgabe, einen Schulabschluss zu absolvieren – beispielsweise mit Aufgaben wie aus dem bayrischen Mathematik-Abitur 2021 oben –, konfrontiert etliche Minderjährige mit der ausweglosen Situation, ihrer eigenen Schicksale Schmied zu sein. Sie sind in diesen Momenten des Auf-sich-allein-gestellt-Seins wahre Subjekte. Eltern und Lehrer dürfen sie am Prüfungstag nicht mehr unterstützen.

Gleichzeitig sind die jungen Menschen in anderen wichtigen Schicksalsfragen aus dem Bild genommen. Obwohl diese Fragen relativ einfach sind: »Triff eine Entscheidung darüber, wer für dich im Bundestag sitzt. Es gibt lediglich eine Handvoll Alternativen.« Minderjährige sind bei deutschen Bundestagswahlen keine Subjekte. Das Wahlrecht ignoriert sie schlicht. Schaut man sich die Wahlkämpfe an, gibt es die jungen Leute auch kaum als Objekte, für die man politische Entscheidungen trifft. Schulbildung ist ohnehin kein bundespolitisches Thema. Auch die anderen Anliegen junger Menschen haben es eher schwer.

Die Diskussionen laufen merkwürdig auseinander. 2021 schlossen mehr als ein Drittel aller Schülerinnen und Schüler ihre Schulzeit mit dem Abitur ab.[82] Der Anteil wuchs um 3,5 Prozent im Vergleich zum Vorjahr. Darin zeigt sich der allgemeine und auch allgemein kritisierte Trend der Akademisierung. Im Koalitionsvertrag setzt die Bundesregierung sogar eine »Exzellenzinitiative Berufliche Bildung« dagegen, um die Attraktivität der Berufsausbildung zu steigern und Aufstiegschancen durch Weiterbildungen im Beruf zu fördern. Eltern trauen dem allerdings kaum. Wann immer möglich, schleifen sie ihre Kinder durchs Gymnasium, auf der Suche nach größtmöglichem Handlungsspielraum beim Start ins berufliche Leben.

Auf der anderen Seite werden denselben jungen Menschen alle Rechte zur Mitbestimmung wegargumentiert: »Aber sind Kinder nicht viel zu leicht manipulierbar, um an Wahlen teilzunehmen?« – »Kinder sind doch unmündig, ich halte davon wirklich nichts.« – »Wählen die Jüngeren nicht eh alle die AfD?« Menschen haben erstaunlich eindeutige Meinungen darüber, was Kindern zuzumuten und abzuverlangen ist und wo man sie vor sich selbst schützen muss. Die Meinungen darüber sind seit Jahrzehnten institutionell betoniert. Es liegt schon eine Weile zurück, dass wir in Deutschland überhaupt über Wahlrecht und Kinder debattierten. 2017 veröffentlichte die Journalistin Kerstin Herrnkind beispielsweise ein Buch zum Thema. Wir können es als letzte größere Publikation dazu ansehen. *Vögeln fürs Vaterland? Nein, danke! Bekenntnisse einer Kinderlosen.* Sie argumentiert scharf. Befürworter eines Familienwahlrechts reden nicht im Bundestag, sie »salbadern«. Und wenn sie, wie beispielsweise die ehemalige Familienministerin Renate Schmidt, vom »Miteinander« reden, wenn sie Minderjährige ins politische Boot holen wollen, hält Herrnkind dagegen: »Mit dem Familienwahlrecht schafft sie das Miteinander ab. Spielt Eltern und Kinderlose gegeneinander aus. Spaltet die Gesellschaft. Entkernt das Grundgesetz.« Dann dreht sie die Temperatur höher: »Die Befürworter eines Familienwahlrechts scheren sich nicht um die Menschenwürde Kinderloser.« Und holt zum Schlag aus: »1933, als die Nazis an die Macht kamen, waren politische Ämter für Frauen tabu. Zwar durften Frauen wählen, nicht aber kandidieren. Doch es gab Ideen, Frauen ein nach ihren ›Leistungen in der Mutterschaft‹ gestuftes Wahlrecht zuzugestehen. Und nun, keine 100 Jahre, nachdem Frauen das erste Mal in Deutschland wählen durften, denken eine sozialdemokratische Familienministerin und andere hochrangige Politiker laut über ein Familienwahlrecht nach, das das Wahlrecht kinderloser Frauen und Männer beschneiden würde.«[83] Schach matt. Ein Buch, das sich mit Natalismus, völkischem Gedankengut und der dunklen Geschichte des politischen Denkens in Deutschland befasst, hält seinen Ton auch beim Wahlrecht für Kinder.

Und doch gilt es, das Thema »Babys an die Wahlurne« zu debattieren. Denn Neugeborene sind Menschen, und Wählen gilt als Menschenrecht. Wenn es auch bislang noch keine guten Argumente dafür gibt, Kleinkinder zum Wählen mit ins Wahllokal zu nehmen, so sind die Argumente, ihnen dieses Menschenrecht zu versagen, auch erklärungsbedürftig. Gerade weil die Entscheidung uralt ist, das Wahlrecht an Volljährigkeit zu knüpfen, muss sie neu diskutiert werden. Als der Bundestag 1972 entschied, dass schon bei der nächsten Wahl im selben Jahr Achtzehn- bis Zwanzigjährige wählen dürfen, wuchs die Zahl der Wahlberechtigten um 5 Millionen WählerInnen an. In der »Wir wollen mehr Demokratie wagen«-Stimmung der Willy-Brandt-Regierung wuchs die Wahlbeteiligung 1972 auf 91 Prozent, die höchste jemals.

Inhaltlich verlief die Diskussion so: »Gegner der Wahlrechtsänderung wie der Berliner SPD-Abgeordnete Klaus-Peter Schulz und der CSU-Abgeordnete Friedrich Kempfler bezweifelten die geistige Reife der Jugendlichen und befürchteten schädliche Folgen für die Gemeinschaft.« Die Union argumentierte aber auch dafür, Menschen, die »im Berufsleben« stehen und »zum Wehrdienst eingezogen« werden, das Wahlrecht zu geben.[84] Willy Brandt unterbreitete den

Vorschlag fürs neue Wahlalter schon Jahre zuvor im Oktober 1969. Letztlich »verabschiedete der sechste Deutsche Bundestag einhellig bei nur einer Enthaltung das Gesetz«.

Wieso sind wir heute einer weiteren Anpassung des Wahlalters so fern? Es ist viel Zeit ins Land gegangen, die Mitglieder des sechsten Bundestags leben heute wahrscheinlich alle nicht mehr. Kann die gegenwärtige Generation noch einmal neu darüber debattieren und eine eigene, vielleicht andere Entscheidung treffen?

Heute kommen schließlich zu den alten demokratischen Überlegungen zur Beteiligung von Menschen im politischen System neue Probleme der Demographie. Der Anteil der älteren Wähler wächst schnell. Damit rutschen die Themen der jüngeren Hälfte der Bevölkerung immer weiter aus dem Blick. Mein Buch zur *Altenrepublik* handelt davon, wie die Demographie die Demokratie verändert, wenn es in einzelnen Bundesländern mehr Menschen mit Pflegestufe gibt als Wähler unter dreißig. Die Entscheidung von 1972 fällt historisch zusammen mit dem Ausgangspunkt der heutigen Situation. Seit 1971 liegt die Kinderzahl pro Frau in Deutschland unter 2,1. Nachfolgende Jahrgänge werden seitdem immer kleiner. Die Stichworte lauten: Bildungsexpansion, Pillenknick, Emanzipation.

Wenn 1,2 Millionen Menschen in Rente gehen und nur 750 000 volljährig werden, Jahr für Jahr, verschieben sich auch die zentralen Wahlkampfthemen weiter vom Feld der Arbeitswelt in den Lebensabend, also noch weiter weg von den Anliegen der Jüngeren. Der Start ins Leben ist derzeit kein politisches Thema. Die am schnellsten wachsende Wählergruppe nach Alter sind die Menschen ab 60 Jahre – also Menschen, die in der Rente und im Pensionsalter ankommen. Wenn nur noch, sofern überhaupt, deren Enkelgeneration eine Wohnung mit Kinderzimmer sucht und öffentlichen Nahverkehr für Fahrten zum Vereinssport nutzt, haben es die Schulpolitik, der Wohnungsmarkt und die Infrastruktur als Themen im Wahlkampf oder in der Generaldebatte des Bundestags schwer.

Die Frage, ob wir Kindern und Jugendlichen ein Wahlrecht geben, ist eine vielversprechende Möglichkeit, die Themenschwerpunkte zu verschieben und die Debattenformen zu verändern. Demokratie ist letztlich Mathematik. Und mit Mathematik kennen sich Menschen, die einer Schulpflicht unterliegen, sehr gut aus. Am Ende werden Wahlstimmen ausgezählt. Es kommt auf die Gleichung an, die man dem Ganzen zugrunde legt. Die demokratische Mathematik sieht so aus: Der Anteil der älteren Wähler wächst, weil der Anteil Älterer in der Bevölkerung wächst. Die nächsten Jahrgänge bleiben außen vor. Familie ist, wo Kinder sind oder sein könnten und wo die Politik nicht ist. Demokratie minus Wähler ist weniger Demokratie. Es war mal eine Demokratie der Männer. Nun ist es eine Demokratie der Erwachsenen. Wann ist es eine Demokratie für alle?

Wir brauchen, um die Demokratie zu schützen, eine klügere Diskussion als lediglich die Verunglimpfung von Menschen mit oder ohne Kinder. Das Wahlrecht für Kinder lässt sich diskutieren, ohne dass dabei die »Menschenwürde Kinderloser« beeinträchtigt oder »das Grundgesetz entkernt« wird, wie Herrnkind meint.

Zur Zeit der Publikation von Herrnkinds Buch hatten sich auch die Wissenschaftlichen Dienste des Bundestags mit dem Wahlrecht und den Minderjährigen befasst. Die Diskussion kennt drei Modelle. Zum einen gibt es den radikalen Vorschlag, Kinder ab Geburt wählen zu lassen. Die Idee sieht tatsächlich die »Streichung jeglicher unterer Altersgrenze« vor. Kinder, die ihren Stift nicht halten können, erhielten dann technische Unterstützung wie am anderen Ende des Altersspektrums. Bei Demenz und Gebrechlichkeit von WählerInnen wird im Wahllokal assistiert oder die Wahl per Briefwahl nach Hause verlagert. Im Wahlgesetz steht: »Ein Wahlberechtigter, der des Lesens unkundig ist oder wegen einer Behinderung gehindert ist, den Stimmzettel zu kennzeichnen, zu falten oder selbst in die Wahlurne zu werfen, kann sich der Hilfe einer anderen Person bedienen.« Es gilt die Einschränkung, dass diesem Wahlakt eine Kundgabe des

Wählerwillens vorausgehen muss. Die unterstützende Person setzt diesen Willen lediglich um. Das Wahlalter auf null Jahre zu senken, klingt daher zugegebenermaßen unpraktikabel. Neugeborene können kaum ihren Willen bekunden, einen politischen erst recht nicht. Ausgerechnet an seiner wichtigsten Stelle hätte der Wahlakt daher eine Leerstelle.

Aber bis auf 7 Jahre ließe sich das Wahlalter von der heutigen Altersgrenze mit 18 Jahren, je nach Argumentationskunst, sicherlich drücken. Siebenjährigen sagt man nach, dass sie in der Lage wären, ihren Willen bekunden zu können. In Deutschland beträfe das 11 Millionen Menschen, von denen rund 70 Prozent auch deutsche Staatsbürger sind. 2021 erreichte die Linke bei der Bundestagswahl 4,9 Prozent mit 2,5 Millionen Stimmen. Eine Absenkung des Wahlalters auf 7 Jahre hätte also erheblichen Einfluss auf die Anzahl der abgegebenen Stimmen und damit auf die Verteilung politischer Macht.

Wir können das zentrale Gegenargument direkt aufgreifen: Dass sich Siebenjährige leicht manipulieren lassen, ist jedem klar, der mit Siebenjährigen zu tun hat. Aus dem Grund der einfachen Manipulierbarkeit schicken wir die Kinder in die Schule, einem geschützten Raum für persönliche Entwicklung. Wir vertrauen darauf, dass die dort angewandte Pädagogik wirkt. Pädagogik ist ein Stück weit Manipulation, allerdings mit transparenten Methoden, gestalteten Bildungsplänen und Verhaltensgeboten für Lehrkräfte. Siebenjährigen ein Wahlrecht zu geben, heißt also nicht, sie allen politischen Protestunternehmern zum Fraß hinzuwerfen. Eher das Gegenteil. Siebenjährige sind in einem besonders geschützten sozialen Raum, in dem sie ihre Persönlichkeit entfalten können, wozu auch ihr politischer Wille zählt. Tatsächlich kann die Schule sogar ein Korrektiv zur Talkradio- und *TikTok*-Falle sein, in der andere Altersklassen stecken.

Der zweite Vorschlag, der von den Wissenschaftlichen Diensten des Bundestags zum Wahlrecht für Minderjährige erörtert wurde, ist ein »originäres Elternwahlrecht«. Eltern erhalten eine »Elternstimme« für ihre Kinder, also ein zusätzliches Wahlrecht neben ihrem persönlichen Recht, ihre Stimme abzugeben. Hier beginnt es nun, brenzlig zu werden. Denn Menschen mit minderjährigen Kindern geben bei Wahlen dann mehrere Stimmen ab. Alleinerziehende mit einem Kind haben dann, so wie sie für zwei verdienen müssen, so wie sie für zwei juristisch geradestehen müssen, die Möglichkeit, auch für zwei politisch wählen zu gehen.

Die juristische Diskussion dieser Wahlrechtsübertragung an die Eltern ist nicht besonders interessant, da der Grundsatz – eine Person, eine Stimme – gut begründet ist. Es lassen sich aber durchaus amüsante Pointen für den tatsächlichen Alltag formulieren. Denn abseits des Wahlrechts werden nahezu alle Rechte und Pflichten, die die Kinder betreffen, ab Geburt den Eltern auferlegt. Keine Mutter redet sich beim Elternabend raus, dass das Kind seine Schulmaterialien selbst bezahlen soll, weil die Schulpflicht schließlich das Kind betrifft. Entscheidungen über Behandlungen beim Arzt obliegen den Eltern. Sie haben Aufsichtspflichten, müssen ihre Kinder bei allen Behörden und Einrichtungen melden und dort für sie sprechen. Sie entscheiden über die Namen ihrer Kinder, Bildungsbiographien, alle Angelegenheiten zur Religion, Lebensgestaltung und Chancennutzung der Kinder sind ihre. Sie bestimmen über den Wohnort ihrer Kinder und ihre weiteren Aufenthaltsorte rund um die Uhr. Sie bestimmen die Tagesroutinen, geben die Aufgabenverteilung im Alltag vor, schicken sie ins Bett, wecken sie wieder auf. Nur das Wahlrecht, das übernehmen sie nicht. Obwohl im Leben der Kinder also viel zu regeln ist, zugegebenermaßen fast alles im Zivilrecht, entfällt das Wahlrecht einfach.

Der dritte Vorschlag der Wissenschaftlichen Dienste ist ein eigenständiger Vorschlag, der sich ernsthaft juristisch diskutieren lässt, obwohl er sich im Alltagsverständnis nur in einer Nuance vom zweiten

Vorschlag unterscheidet. Die Kinder behalten ihr Wahlrecht, sie sind der »Wahlrechtsträger«. Aber die »Wahlrechtsausübungsbefugnis« geht neben allen genannten Dingen auch an die Eltern. Eltern bekämen damit ein »stellvertretendes Elternwahlrecht« für ihre Kinder. »Nach dem Modell des stellvertretenden Elternwahlrechts besitzt das Kind ein Wahlrecht, dieses wird aber bis zu einem bestimmten Zeitpunkt von den Eltern als Stellvertreter im Interesse und im Sinne des Kindes ausgeübt«, lautet der Vorschlag. Zur »verfassungskonformen Ausgestaltung eines stellvertretenden Elternwahlrechts existiert eine umfassende rechtswissenschaftliche Literatur«, heißt es weiter.

Im Grundgesetz steht derzeit, dass »wahlberechtigt ist, wer das 18. Lebensjahr vollendet hat«. Nun könnte man die Altersgrenze gelten lassen, sie aber allein auf die »Berechtigung zur Ausübung des Wahlrechts« beziehen. Die Ausübung des Rechts ließe sich übertragen. Der Weg für die Stellvertreterrolle der Eltern wäre dann auch bei der politischen Wahl frei. »Festzuhalten ist, dass für die Einführung eines stellvertretenden Elternwahlrechts die Altersgrenze für die Innehabung des Wahlrechts auf null gesetzt wird«, schreiben die Autoren.

Statt weitere Verschiebungen der Altersgrenze zu diskutieren, könnte man sie durch eine Grundgesetzänderung endgültig abschaffen. Alle Menschen wären, direkt oder indirekt, an der Wahl beteiligt, wenn die Altersgrenze null ist. Das würde auch den Flickenteppich beenden. Derzeit ist die Altersgrenze bei Bundestagswahlen 18 Jahre. Für 7 von 16 Landtagswahlen liegt die Altersgrenze bei 16 Jahren. In 11 von 16 Bundesländern ist die Altersgrenze bei Kommunalwahlen 16 Jahre. Bei der Europawahl darf in allen 16 Bundesländern ab 16 Jahren gewählt werden. Die Diskussionen darum, warum man in Thüringen den Kindertag als gesetzlichen Feiertag einführte, aber beim Wahlrecht zu den strengeren Ländern zählt, wären sicherlich facettenreich.

Es gibt aber noch einen grundsätzlichen Punkt, der zu klären ist, bevor solche Diskussionen starten können. Das Grundgesetz hat Paradigmen, die einer »Ewigkeitsklausel« unterliegen, die wahrscheinlich nicht einmal mit einer Ablösung des Grundgesetzes selbst ungültig würden. Wenn diese Grundsätze einem Wahlrecht ab null Jahren im Weg stünden, bräuchte man die Diskussion nämlich nicht beginnen. Bei der »Frage, inwieweit die Schaffung eines solchen Wahlrechts Grundsätze berührt, die über Art. 20 GG zum änderungsfesten Kern des Grundgesetzes gehören«, verweisen die Autoren der Wissenschaftlichen Dienste des Bundestags darauf, dass in der rechtswissenschaftlichen Literatur »streitig diskutiert« werde. Die Höchstpersönlichkeit der Wahl müsse nämlich neu formuliert werden, wenn durch ein stellvertretendes Elternwahlrecht die Einheit der »Wahlrechtsinhaberschaft und Wahlrechtsausübung beseitigt werde«. Weiter heißt es: »Jedoch sei ein Grundsatz der Höchstpersönlichkeit kein Element des Demokratieprinzips aus Art. 20 GG, sodass die Sperrklausel des Art. 79 Abs. 3 GG insoweit nicht greife.« Die Eltern machen ihren Kindern das Wahlrecht nicht abspenstig, wenn sie »lediglich die Stimmen der Kinder treuhänderisch ausübten«, heißt es in der Literatur. Es sollte bei der Neuformulierung des Wahlrechts aber darauf geachtet werden, dass die Wahlentscheidung für das Kind von der eigenen Wahlentscheidung der Eltern unterschieden werde.

Das Grundgesetz steht einer Änderung des Wahlrechts, die Kinder in die Demokratie holt, also nicht im Wege. Der Bundestag und die Landesparlamente können darüber entscheiden, es wäre nicht das erste Mal. Sie könnten aber nun letztmalig darüber entscheiden und die Eltern als Treuhänder ihrer Kinder so positionieren, dass ihre politische Verantwortung endlich zu ihrer wirtschaftlichen Verantwortung passt. Der aktuelle Zustand lässt sich nur durch historische Pfadabhängigkeit erklären, aber ihm fehlt inhärente Logik. Das ließe sich überwinden. Das Wahlrecht steht ohnehin ständig in der Diskussion. Zuletzt stritten sich Regierung und Opposition sogar vorm

Bundesverfassungsgericht um die Fragen, ob alle Wahlkreissieger ein Mandat im Bundestag erhalten oder ob drei Wahlkreissiege rechtfertigen, die strenge Fünfprozenthürde zu ignorieren. Bei solchen Fragen entscheidet allein das Wahlrecht und nicht die Wahl darüber, ob mehrere Dutzend Kandidaten einen Sitz im Bundestag erhalten oder nicht. Die zugegebenermaßen folgenreiche Abschaffung der Altersgrenze wäre also nicht einmal die folgenreichste Änderung des Wahlrechts in jüngster Zeit. Zuletzt hatte sogar Bundestagspräsidentin Bärbel Bas selbst die grundsätzliche Absenkung des Wahlalters auf 16 Jahre bei allen Wahlen in Deutschland vorgeschlagen. Doch die Diskussion schaffte es kaum über den Petitionsausschuss des Bundestags hinaus in den politischen Betrieb. Man tauschte zum Jahresende 2022 nur in Interviews die Argumente aus.

Es wiederholten sich die bekannten Muster. Die Grüne Katrin Göring-Eckardt sagte, Kinder hätten »jedes Recht, über ihre Zukunft selbst zu entscheiden«. Wozu gehöre, »dass sie über politische Entscheidungen, die ihr Leben betreffen, mitbestimmen können«. Der Liberale Wolfgang Kubicki plädierte weiter dafür, »das Wahlalter an die Volljährigkeit« zu knüpfen. Der Konservative Thorsten Frei kann »kaum begründen, warum jemand über die Geschicke unseres Landes mitentscheiden soll, den wir in anderen Bereichen nicht für reif genug erachten, seine Angelegenheiten ohne die Zustimmung seiner Eltern zu regeln«. Er beruft sich auf »einen breiten gesellschaftlichen Konsens dafür, dass man mit 18 Jahren die Volljährigkeit erlangt«. Die Sozialdemokratin Bärbel Bas merkt aber an, dass bei der Europawahl bereits ab 16 Jahren gewählt werden dürfe. »Das tut unserer Demokratie gut.« Nun sollte für alle Wahlen nachgezogen werden. »Ich werde nicht aufhören, für eine verfassungsändernde Mehrheit zur Absenkung des Wahlalters auf 16 zu werben. Für mich ist das Teil der Demokratieerziehung.« Erst weiter im Verlauf kommen die ersten interessanten Argumente: »Die Schülerinnen und Schüler müssen lernen, sich nicht nur auf *TikTok* oder *YouTube* zu informieren – und

Informationen von Falschnachrichten zu unterscheiden.« Statt die Diskussion aber tatsächlich zu führen – wie ein politischer und medialer Einbezug jüngerer Menschen gestaltet werden kann –, eröffnet sie die nächste große Baustelle, deren Hürden wahrscheinlich noch höher sind, als das Wahlalter zu ändern: Sie habe gehört, dass Estland die Stimmabgabe per App plane und sagt, »diese App möchte ich mir unbedingt anschauen, das könnte zukünftig ein sinnvolles Instrument sein«.[85]

Die Reife der Kinder, die Verantwortung der Eltern, die Gefahren durch *TikTok*: In den politischen Diskussionen kommt alles vor, aber sie führen bislang nirgendwo hin. Das liegt aber lediglich an der Diskussionsführung selbst. Ihr fehlt das zündende Element, obwohl es so deutlich und klar formuliert werden kann: »Mit der Übertragung der Wahlentscheidung der Kinder auf die Eltern würde außerdem das Erfordernis der Entscheidungsfähigkeit als unabdingbares Element des Demokratieverständnisses hinreichend gewahrt.« Aus dem Prinzip »der Höchstpersönlichkeit« leite sich »kein Vertretungsverbot bei der Wahl ab«. Und selbst »bei Annahme eines solchen Vertretungsverbots« überwiege die »Verwirklichung des Grundsatzes der Allgemeinheit der Wahl durch Einbeziehung der Kinder«. Kinder sind Menschen, Wählen ist ein Menschenrecht, also müssen auch die Stimmen der Kinder zählen. Wenn die Frage ist, wie man die Stimmen zählbar macht, muss eine Antwort gefunden werden. Stattdessen schränken wir seit Jahrzehnten das Wahlrecht ein.

In der juristischen Diskussion findet sich noch ein interessanter Punkt, der die Verantwortung von Eltern auf interessante Weise tangiert. Bei der Angelegenheit der Eltern, ihre Kinder zu erziehen, obliegt dem Staat nämlich laut Grundgesetz ein »Wächteramt«. Er darf sich also in die Belange von Familien einmischen. Wenn nun der Grundsatz der Allgemeinheit der Wahl die Eltern in die Rolle bringt, für ihre Kinder stellvertretend wählen zu dürfen, so unterläge auch die politische Wahl plötzlich dieser staatlichen Wächterfunktion, was dem Grundsatz, dass die Wahl geheim sei, widerspräche. Verweigern wir also Kindern das Wahlrecht, um letztlich den Staat nicht in Verlegenheit zu bringen?

In diesem Jahrhundert wurden solche Fragen erst zweimal im Bundestag selbst diskutiert. Im Herbst 2003 stellte ein Antrag mit den Losungen »Mehr Demokratie wagen« und »Wahlrecht ab Geburt« im Titel die Demographie und die Gefährdung der Demokratie in den Mittelpunkt.[86] Die Antragssteller führen darin natürlich auch das Modell der Treuhänderschaft durch Elternschaft an und argumentieren mit der zivilrechtlichen Reichweite dieses Grundsatzes: »Die Rechtsfähigkeit nach § 1 des Bürgerlichen Gesetzbuchs beginnt mit der Vollendung der Geburt, auch wenn die volle Geschäftsfähigkeit erst mit der Volljährigkeit beginnt. Das Problem des Auseinanderfallens von Rechtsinhaberschaft des Kindes bei gleichzeitiger Unfähigkeit, diese Rechte selbst auszuüben, ist in § 1626 des Bürgerlichen Gesetzbuchs gelöst: Sofern es erforderlich ist, nehmen die Eltern als Personensorgeberechtigte die Rechte ihres Kindes in dessen Interesse wahr.« Um die Rechte und Interessen der Kinder zu schützen, zieht der Staat die Eltern mithilfe des Bürgerlichen Gesetzbuchs in die Verantwortung und verleiht sich selbst mithilfe des Grundgesetzes eine Wächterfunktion. Die Rechte und Pflichten von Kindern scheinen wichtig zu sein. Warum gilt das alles beim Wahlrecht nicht? Insbesondere, auch darauf verweist der Antrag explizit, da der Grundsatz gilt, dass die Staatsgewalt vom Volk ausgeht. 13,8 Millionen Menschen nennt der Antrag fürs Jahr 2003, die in der schicksalhaften Mathematik der Wahlen fehlten. Es gehe um »zentrale Fragen des Demokratieverständnisses – und zum anderen um die Zukunft unserer Gesellschaft«.

Die Autoren nennen noch einen weiteren bedenkenswerten Punkt. Der ist in der Tat erstaunlich: Menschen werden spätestens ab dem achtzehnten Lebensjahr niemals wieder mit dem »Kriterium der Verstandesreife« konfrontiert. Obwohl es, diese Scherze machen wir alle, alltägliche Anlässe gibt, sie zu hinterfragen. Egal wie dumm man seine Mitbürger findet, ihr Wahlrecht steht niemals zur Disposition. Es gibt allenfalls rechtliche Wege, durch Urteile zum Hochverrat, Landesverrat, Wahlfälschungen oder Abgeordnetenbestechung das Wahlrecht temporär wieder zu entziehen. Medizinische Gründe – Demenz-, Alzheimer-, Komapatienten – werden vom Wahlrecht nicht mehr gesehen. Geben sie ihre Stimme nicht ab, gelten sie als Nichtwähler. Im medialen Diskurs werden sie einfach zur Gruppe der übrigen Desinteressierten gezählt. Für Minderjährige gibt es demgegenüber keinen Weg, ihre Verstandesreife zu demonstrieren. Sie gelten damit als grundsätzlich verstandesunreifer als Hirntote oder sind auf Augenhöhe mit Schwerverbrechern. Dass das Wahlrecht das Gleichheitsprinzip so radikal auslegt, ist wichtig und bemerkenswert. Dass es zwei Ausprägungen hat – alle sind gleich verstandesreif oder gleich verstandesunreif, schlicht nach Alter –, ist bedenklich.

Der jüngste Versuch, das Wahlalter zu verändern, fand 2008 statt. Die Grünen stellten als Fraktion in der Opposition einen erfolglosen Antrag, der das Wahlalter bei Bundestagswahlen auf 16 Jahre gesenkt hätte. Die Fraktionen der regierenden Großen Koalition lehnten ab. Damals fand das Wahlrecht ab Geburt zumindest noch mal eine Erwähnung. Die Nennung der Diskutanten ist interessant. Abseits des parlamentarischen Betriebs zählten zu den Fürsprechern beispielsweise die ehemaligen Verfassungsrichter Roman Herzog und Paul Kirchhof. Der sagte in einem Radiogespräch: »Die Demokratie folgt dem Prinzip: ein Mensch, eine Stimme. Ein Kind ist ein Mensch. Ein Kind ist sogar der Mensch, der von den politischen Entscheidungen von heute noch 80 Jahre betroffen ist, während der andere vielleicht 60, 40 oder 10 Jahre betroffen ist.«[87] Wir können davon ausgehen, dass er diese Sätze verfassungsrechtlich durchdacht hat und nicht nur eine Befindlichkeit äußerte wie viele andere, beispielsweise Parlamentarier oder Sachbuchautoren.

Als wir im Sommer 2024 im Podcast »Die Neuen Zwanziger« nach Meinungen zum Familienwahlrecht fragten, kamen rund Hundert ausführliche Mails aus der Hörerschaft. Das Stimmungsbild war ausgewogen, es gab ungefähr so viele HörerInnen, die dafür waren, wie dagegen. Die Argumentationen waren deutlich: »Es ist ganz klar, dass Familien eine andere Sicht auf die Welt haben als Menschen ohne Kinder. Das Prinzip ›One person, one vote‹ muss auf jeden Fall gelten«, schrieb Jan. Frauke schrieb: »Ich bin FÜR ein Familienwahlrecht.« – »Beim politischen Diskurs innerhalb meines Freundeskreises zeigt sich leider sehr oft der Egoismus der Kinderlosen. Deshalb plädiere ich für das Familienwahlrecht, allein aus dem Grund eine (gute) Stimme mehr zu haben als die ohne Kinder«, schrieb Louis. Lukas schrieb: »Wir tragen die Verantwortung über 5 Personen, die von allen politischen Entscheidungen sicher betroffen sein werden, und dürfen nur 2 Stimmen abgeben. Jeder sollte die Möglichkeit haben, über die eigene Zukunft zu entscheiden.« Lisa schrieb: »Kinder haben ein Recht darauf, dass ihre Bedürfnisse und Interessen berücksichtigt werden. Ein Wahlrecht ab Geburt, ausgeübt durch die Eltern, könnte ein Schritt in die richtige Richtung sein.« Die Gegenstimmen waren ebenso bestimmt.

Die Ansichten lassen sich leicht einfangen. Welche Argumente gibt es gegen ein Wahlrecht ab Geburt, und wie lässt sich mit diesen Meinungen umgehen? Kinder lassen sich sehr leicht beeinflussen und manipulieren. Das stimmt. Aber es stimmt für alle Altersklassen. Tatsächlich werden Debatten doch besser, wenn man sie auf Kinder münzt. »Wie erkläre ich's meinem Kind?«, ist immerwährendes Thema bei Elternabenden in der Schule, aber auch der Titel eines erfolgreichen Podcasts der *FAZ*. Wer die Erklärung sucht, »wie eine Partei gegründet wird«, findet sie dort. Parteien brauche man für Wahlen. Was sind Wahlen? Die *FAZ* erklärt es: »Erwachsene stimmen darüber ab, wer im jeweiligen Land regieren soll. Regieren, das ist im Grunde nichts anderes als: bestimmen, wofür das Geld des Staates in den nächsten Jahren ausgegeben wird. Soll damit zum Beispiel ein Flughafen vergrößert werden oder sollen ärmere Kinder weniger Geld für das Mittagessen in der Schule bezahlen?«[88] Geht es darum, Kindern Politik zu erklären, spielen inhaltliche Fragen plötzlich eine Rolle. Diese Herangehensweise könnte den gesamten politischen Medienbetrieb aufwerten. Mittagessen und Schule als politische Themen, das ist geradezu unerhört, das gab es Jahrzehnte nicht. Kinder im Diskurs zu haben, könnte eine Chance sein, überhaupt wieder eine Verknüpfung von Talkshowthemen und alltäglicher Lebenswelt herzustellen.

Durchsucht man die Debatten und Diskussionen nach Argumenten gegen ein Wahlrecht ab Geburt, bleibt eigentlich nur ein diskussionswürdiges Problem übrig. Herrnkind hat es genannt, in den parlamentarischen Debatten wird es aufgegriffen, wir haben es in diesem Text behandelt. Das Wahlrecht ab Geburt ist ein Familienwahlrecht. Die Eltern würden für ihre Kinder wählen. Die Eltern hätten also mehrere Stimmen. Die politische Verantwortung würde verteilt wie jede andere elterliche Verantwortung. Entweder der Vater machts oder die Mutter muss ran. Oder man findet für das eine oder andere jemand ganz anderen. So wäre es also auch beim Wählen. Es wählen die Sorgerechtsträger: Eltern, Pflegeeltern, Adoptiveltern, Großeltern, wer auch immer die Verantwortung für das Kind trägt. Mehrere Kinder, mehrere Eltern? Einfach aufteilen. Der Vater und die Mutter erhalten je eine halbe Stimme für ihr gemeinsames Kind. Und was machen sie mit den Stimmrechten jenseits ihrer eigenen Stimme? Sie kommen ihrer Verantwortung nach. Sie wissen, dass sie für ihr Kind wählen, aber sie sind ihrem Gewissen verpflichtet. Diese Prinzipien sind in einer repräsentativen Demokratie wie unserer schon längst zentral. Kindern ihr Wahlrecht zu geben bedeutet keine Gefahr, sondern eine Chance. Wir können Familien politisch endlich verorten, indem wir eine Definition erarbeiten, die ihrer tatsächlichen Bedeutung gerecht wird. Minister und Parlamentarier,

Lobbyisten und Parteifunktionäre, Parteitage und Botschaften haben ihren Platz in der politischen Gestaltung. Nur Familien nicht, die sind einfach ausgeblendet, als existierten sie nicht.

4.

Familienpolitik ist Weltpolitik

In Autokratien und Diktaturen wird Familienpolitik ignoriert oder pervertiert. In die Demokratie lässt sich Familie dagegen integrieren, aber nur, wenn wir sie in die Marktwirtschaft einpreisen.

Dass wir um Familienpolitik nicht herumkommen, zeigt ein weitschweifender Blick zum Schluss. Einen vermeintlichen Ausweg oder Umweg um den »Gender-Gaga«, feministische Bindestrich-Politik oder »Gedöns« müssen wir sehr deutlich als Irrweg ausweisen: Auch konservative, anarchokapitalistische, postfaschistische oder neosakrale politische Wünsche erlösen einen nicht von der Familie als politischem Thema, selbst wenn die Wahlen für diese Kräfte erfolgreich sind. Javier Milei in Argentinien, Donald Trump in Amerika, Georgia Meloni in Italien, Victor Orbán in Ungarn, Friedrich Merz in Deutschland, sie alle müssen sich um Familie kümmern.

Familie in Russland und China

Auch das von allen großen Wirtschaftsnationen politisch am strengsten durchorganisierte China kommt um die Familie nicht herum. Ja, auch in Peking gibt es Professorinnen für feministische Geschichtswissenschaften, die über ihre akademische Arbeit hinaus die Gesellschaft prägen, weil es natürlich auch in China nicht nur namhafte Alphamänner an der Spitze staatstragender Hierarchien gibt, sondern vor allem und hundertmillionenfach: Mütter, Väter und Kinder.

Allerdings klingen die Überschriften dort anders: »Kapitalismus, Sozialismus und Frauen: Warum China erneut eine marxistisch-feministische Kritik etablieren muss«, schrieb Song Shaopeng, Professorin im angesprochenen Feld 2012. Daniel Leese, Professor für Sinologie in Freiburg, und Shi Ming, Journalist beim Radio Beijing, haben 2023 Schlüsseltexte zum »Chinesischen Denken der Gegenwart« übersetzt und zusammengestellt, unter anderem den von Song.[89]

Trotz seiner Herkunft, die räumlich, historisch, ideell und politisch mit allen unseren Sehgewohnheiten bricht, klingt ihr Text ins Deutsche übersetzt, als wäre er ein Debattenbeitrag in hiesigen Sonntagsfeuilletons: »Seit den 1990er Jahren kamen die radikalen marktorientierten Reformen in China durch zwei Arten der Privatisierung zum Ausdruck: einerseits durch die Privatisierung der Produktionsmittel und andererseits durch Zuordnung der Familie in den Raum des Privaten.« Beim Thema Familie ist plötzlich ununterscheidbar, ob es um die abermalige Hinwendung Chinas zur Welt oder beispielsweise um die deutsch-deutsche Wiedervereinigung geht.

Song: »Es gab viel Kritik an der Privatisierung der Produktionsmittel, jedoch kaum an der ›Privatisierung‹ der Familie. Die Privatisierung der Familie bedeutet, dass die reproduktionsbezogene Arbeit, insbesondere Geburt, Erziehung und Pflege, als Privatangelegenheit der Familienmitglieder betrachtet wird.« Auf Deutsch: Die Treuhand hat den Männern ihr berufliches Schicksal diktiert, dann nahm man den Frauen und Kindern die Polyklinik und den Kindergarten.

Song: »Aber seit Mitte der 1990er Jahre kam es zu einer rasanten und umfassenden Vermarktlichung des Bildungs- und Erziehungswesens (insbesondere der Säuglings- und Kinderbetreuung) sowie des Gesundheitswesens. Anstelle einer Vergesellschaftlichung dieser

Aufgaben, der zufolge der Staat mittels öffentlicher Dienstleistungen diese Verpflichtungen übernehmen sollte, wurden diese Funktionen und Verpflichtungen gänzlich in den Privatbereich der Familien verlagert.« Auf Deutsch: Ohne zu wissen, wie ihnen geschah, schreiben heute mehr als die Hälfte der Gymnasiasten in Rostock ihr Abitur in Privatschulen. Der Staat zog sich zurück, die Eltern organisierten sich selbst.

Song: »In der 2004 veröffentlichen Chronik Deng Xiaopings wurde enthüllt, dass Deng auf seiner Inspektionsreise nach Südchina im Januar 1992 die Verantwortung für die Reproduktion bewusst auf die Familien übertragen wollte. Dabei bezog er sich tatsächlich auf die westliche neoliberale Vision, die die Sozialfürsorge ablehnt, und nutzte die traditionelle chinesische Familienethik als Stütze, um solch ein System zu implementieren.« Auf Deutsch: Gerade als die Ostdeutschen dachten, sie fänden endlich ihre Heimat im lang ersehnten westlichen Lebensstil, schaffte sich »der Westen« ab. Die Lohnentwicklung wurde von der Produktivität entkoppelt, ein Niedriglohnsektor eingerichtet und jedweder Kostendruck auf die Familien, die Umwelt und das Ausland abgewälzt. Man sprach von Eigenverantwortung und meinte die Mutter.

Song zitiert die für uns interessante Textstelle aus der Chronik Deng Xiaopings, der China von 1979 bis 1997 wie zuvor Mao Zedong als »überragender Führer« regierte: »Die Erfahrung der entwickelten Länder in Europa beweist, dass es ohne Familien nicht geht. Familien sind eine gute Sache. Fürsorge rein kollektiv zu betreiben, bringt viele gesellschaftliche Probleme mit sich, zum Beispiel die Altersversorgung. Diese lässt sich von der Familie absorbieren. Europa unterhält Wohlfahrtsgesellschaften, gestützt auf Staat und Gesellschaft, aber dies ist jetzt kein gangbarer Weg mehr. Wenn es mehr alte Menschen gibt und die Bevölkerung altert, können sich weder der Staat noch die Gesellschaft deren Versorgung leisten. Die Probleme werden größer und größer. Wir müssen die Familien weiter aufrechterhalten. Es gibt so viele alte Menschen im ganzen Land, die durch Familie und Haushalt versorgt werden. Seit Konfuzius setzt sich die chinesische Kultur dafür ein, Alte familiär zu unterstützen und zu versorgen.«[90]

Wenn hier von »viele alte Menschen« gesprochen wird, geht es tatsächlich um 400 Millionen Rentnerinnen und Rentner, allerdings ohne Rentensystem. Es sind also schlicht ältere Menschen, die nun allein von ihren Familien versorgt werden müssen. Familienpolitik als Schicksalsfrage, die in einem Volk mit mehr als einer Milliarde Menschen fast jeden direkt betrifft und die politische Führung vor ihre zentrale Herausforderung stellt: Wie bekommt man dieses System zukünftig stabilisiert? Die Antwort bislang: Wahrscheinlich gelingt es nicht. Chinas Taumeln in den nächsten Jahrzehnten ist eine Folge falscher – nämlich keiner – Familienpolitik. Das, und nicht etwa sein Verhältnis zu Donald Trump oder das Kriegskalkül gegen Taiwan, ist Xis größtes Problem.

Song deutet eine Lösung an, indem sie an den Folgenreichtum vorheriger politischer Entscheidungen erinnert: »Wenn wir davon ausgehen, dass Chinas schnelles Wirtschaftswachstum in den letzten 30 Jahren den sogenannten billigen Arbeitskräften zu verdanken ist, so wird dies dadurch ermöglicht, dass unzählige Frauen billige oder sogar unbezahlte (Haus-)Arbeit leisten. All dies wurde künstlich geschaffen, indem die öffentliche und die private Sphäre strukturell getrennt wurden. Diese strukturelle Anpassung wurde direkt vom Staat vorangetrieben und ist kein durch die sogenannte spontane Ordnung des Marktes hervorgebrachtes, zwangsläufiges Ergebnis.« Das gilt in gleicher Wortfolge für die Zeit des »Wirtschaftswunders« hierzulande und normativ für die grundsätzliche Notwendigkeit politischer Entscheidungen. Wenn die Politik ein Problem erkennt, kann sie es schlicht zu ihrer eigenen Aufgabe machen.

Sehr skurril ist der Umgang Wladimir Putins mit russischen Familien. Beim Rätseln um die wahren Kriegsziele des 2022 intensivierten Angriffs auf die Ukraine gibt es Ableitungen aus Putins Reden, die ihm demographischen Imperialismus unterstellen. In den historischen Erzählungen verkriecht sich der Staatschef während der Pandemie vorm Corona-Virus in der Isolation und liest Texte aus Zeiten, in denen Russland binnen eines Jahrhunderts 500 Millionen Einwohner vorhergesehen werden. Nun sind es aber aktuell nicht einmal 150 Millionen; also geht er auf demographische Beutetour.

Was ihn tatsächlich umtreibt, kann unbestimmt bleiben. Es gibt aber aktuelles Anschauungsmaterial zu Putins fanatisch-natalistischem Denken. Am 8. Juli 2024 informierten die *tagesthemen* über die neuesten Initiativen. Die aus dem Ausland importierte Ideologie der Kinderlosigkeit sollte verboten und ein neuer Feiertag begründet werden, flankiert von Initiativen in der Bevölkerung. »Aufgerufen zum Marsch hat unter anderem die orthodoxe Kirche. Hunderte laufen mit«, hieß es nun zu Bildern von der Straße. Es wird die Wortspende einer Frau gezeigt: »Die Rollen in der Familie müssen richtig verteilt sein. Der Mann ist der Ernährer und Beschützer, die Frau hält die Feuerstelle warm. Die traditionellen Werte, unser Land beruht darauf. Sie werden uns in eine helle Zukunft führen.« Ein Mann wird gezeigt. Er sagt: »Fünf Kinder müssen es sein, das erste haben wir, Gott sei Dank. Wir wollen so viele, wie Gott uns gibt.« Dieses Denken soll nun gesetzlich gefördert werden. Putin veranstaltet dafür Gesprächsrunden mit Eltern aus dem ganzen Land, um sich dann der Öffentlichkeit zuzuwenden. »Ich gratuliere Ihnen zum Feiertag und wünsche Ihnen alles familiäres Glück.« Der neue Feiertag gilt »der Familie, Liebe und Treue«.

Drei Monate später, am 8. Oktober 2024, folgt ein Bericht im *heute journal.* Wieder ist Putin vor der Öffentlichkeit zu sehen. Er hält eine Fernsehansprache, er redet vor großem Publikum. Das Fernsehbild zeigt ihn im Splitscreen. Das andere Kamerabild wandert durch das anwesende Publikum und springt von einer jungen Frau zur nächsten, während Putin sagt: »Lasst uns mal daran erinnern, dass unsere russischen Großmütter und Urgroßmütter oft sieben, acht und noch mehr Kinder hatten. Lasst uns diese wunderbare Tradition doch bewahren und wiederbeleben.« Man kann in den Gesichtern der Frauen sehen, dass sie die Botschaften verstehen. Aber man sieht in ihnen auch, dass es offenbar Gründe gibt, weshalb die Geburtenzahl pro Frau derzeit bei 1,4 statt 8 liegt und in den Kriegszeiten abermals historische Tiefstände erreichte.

Ähnliche Projekte gibt es auch in Europa. Am 13. September berichtet der Deutschlandfunk in seiner Tageszusammenfassung von einem inoffiziellen Treffen der EU-Finanzminister während Viktor Orbáns Ratspräsidentschaft. Aus Protest gegen ungarische Alleingänge war ein Drittel der geladenen MinisterInnen nicht angereist, »und auch die Themensetzung war eher ungewöhnlich«, hieß es in der Moderation. Dann berichtete Sabrina Fritz: »Der ungarische Finanzminister Varga hat die Überalterung der EU zu einem Topthema des Treffens erklärt. Die Tatsache, dass die Europäerinnen und Europäer zu wenig Kinder bekommen, würde auch der Wirtschaft der Gemeinschaft schaden, sagte er in Budapest. Als Lösung schlägt er eine stärkere Unterstützung der Familie vor, die für Ungarn aus dem klassischen Vater-Mutter-Kind-Modell besteht. Ausdrücklich lehnte der Finanzminister Einwanderung als Unterstützung auf dem Arbeitsmarkt ab, Masseneinwanderung würde den Ländern mehr schaden als nutzen.« Ungarn hat Gesetze, die beispielsweise alle Mütter ab dem vierten Kind lebenslang von der Einkommenssteuer befreien. Wie schon in Russland verbindet die Regierung Orbáns die Familienpolitik allerdings mit aggressiver Abschottung. Putins Gesetze für die Familie gehen einher mit Gesetzen gegen sexuelle und familiäre Selbstbestimmung. Orbáns Gesetze für Familien werden flankiert von nationalistischer Migrationspolitik.

Auch in Deutschland wird so diskutiert. Christian Lindner kämpfte auch gegen die Kindergrundsicherung, um zu verhindern, dass die vermeintlich falschen von ihr profitieren. Sein Wortlaut: »In

Deutschland ist die Kinderarmut deutlich zurückgegangen. Ganz, ganz deutlich spürbar zurückgegangen bei den ursprünglich deutschen Familien. Die schon länger hier sind. Insgesamt ist die Kinderarmut in Deutschland aber noch vergleichsweise und, wie ich finde, indiskutabel hoch. Wegen der Familien, die nach 2015 neu nach Deutschland eingewandert sind. Als Geflüchtete oder aus anderen Gründen. Es gibt also einen ganz klaren statistischen Zusammenhang zwischen Zuwanderung und Kinderarmut.« Damit lassen sich für einen Politiker zwei Fliegen mit einer Klappe schlagen, schreibt Gilda Sahebi: »Zum einen erscheint bei dieser Formulierung das Problem der Kinderarmut kleiner, da es ›nur‹ eingewanderte Kinder betreffe; es erscheint als ein ›Sonderproblem‹, das mit der ›normalen‹ Kinderarmut nicht viel zu tun hätte. ›Zugewanderte‹ werden gedanklich von ›ursprünglich‹ deutschen Familien getrennt. Außerdem könnte diese Aussage des Ministers suggerieren, dass eingewanderten Familien nicht genauso wie ›ursprünglich‹ deutschen Familien auch mit mehr Geld geholfen wäre – denn sein Ziel war ja, weniger Geld auszugeben.«[91]

Wohin wir auch blicken, es sind Irrwege. Die Politik, womit das Publikum und die Leistungsträger gleichermaßen gemeint sind, kann sich von der Familie nicht abwenden. Die politische Vernachlässigung der Familie stapelt nur Probleme auf, die so oder so, gelöst werden müssen. Es sei denn, man findet einen Weg zu Wohlstand, für den die Volkswirtschaft den nächsten Jahrgang schlicht nicht mehr braucht. Humanoide Roboter, die die Arbeit erledigen und nur erneuerbare Energien brauchen, wären ein solcher Ausweg. Allerdings wäre selbst das fürs Erste nur eine Wette, ob wir neben dem Verlust der Familie auch noch den Verlust von Arbeit – als soziales Regulativ und Sinnstiftung – verkraften können. Selbst wenn wir es uns prinzipiell vorstellen können: Im ersten Anlauf wird es nicht gelingen.

Unterm Strich: Was es kostet

Lösen wir das Problem also im Rahmen dessen, was wir haben und was wir brauchen. Wir haben eine Geldwirtschaft und brauchen bessere Lebensumstände für Familien. Der Geldwert, mit dem das Statistische Bundesamt die Bruttowertschöpfung der »unbezahlten Sorgearbeit« in Deutschland beschrieb, liegt bei 987 Milliarden Euro pro Jahr. Andere Erhebungen pendelten um denselben Wert von rund einer Billion Euro jährlich. Nicht in jedem Haushalt, in dem unbezahlte Sorgearbeit erledigt wird, leben Kinder. Auch in Haushalten mit Kindern stehen die Kinder nicht durchweg im Mittelpunkt privater Arbeitsbudgets. Dafür verschlingen Kinder auch dann Zeit und Geld, wenn man sich gerade nicht direkt um sie kümmert. Weiterhin findet für über 80 Prozent der Menschen mit Pflegegrad die Pflege zu Hause und privat statt. Bei 3 Millionen Menschen sogar gänzlich ohne ambulante, professionelle Arbeit. Kurzum: Ich schlage eine Pi-mal-Daumen-Rechnung vor, die den Wert der Familien in der Gesellschaft abseits aller bereits verbuchter Werte beziffert. 1 Billion Euro sind offen. In Deutschland leben rund 16 Millionen Menschen unter 20 Jahren und 3 Millionen im hohen Alter, die in diesen Fokus unbezahlter Sorgearbeit fallen. Rund zehn Millionen Menschen sind beispielsweise noch nicht im Teenageralter, wodurch sich die Sorgearbeit automatisch ergibt. Teilen wir die 1 Billion Euro durch 20 Jahrgänge und 800 000 Menschen pro Jahrgang. Das ergibt etwas mehr als 60 000 Euro pro Jahr und Person. Ziehen wir davon den Anteil für die Sorgearbeit in der Altenpflege ab, sind wir bei 50 000 Euro pro Person. Dieser Betrag ist in der politischen Kalkulation offen!

Ab hier stellt sich die Frage, wie wir mit diesem Betrag umgehen. Hält sich der Staat weiterhin mit eigenen Ideen und Programmen zurück, könnte er den Betrag in voller Höhe einfach direkt auszahlen. Haushalte mit zwei Kindern erhalten dann 100 00 Euro pro Jahr. Von diesem Geld können dann zum Beispiel Köche, Putzhilfen, Nachhilfen und Babysitter engagiert werden – pro Kalendertag und Kind stünden 135 Euro zur Verfügung. Alternativ kümmert sich der Staat mit 1 Billion Euro um Infrastruktur, die sich primär um diese Sorgearbeit dreht. Keine Hausaufgaben zu Hause durch bessere Betreuungsschlüssel in der Schule. Catering-Möglichkeiten für Eltern mit spätem Feierabend ohne Zeit fürs Kochen. Reputationsmanagement für Babysitter, um die Auswahlprozesse zu beschleunigen und den Dienst grundsätzlich abzusichern, würde der Staat erledigen, wie er sich auch um die Qualifikation und Auswahl von Personal in Schulen und Kitas kümmert. Im Vergleich zur Barauszahlung sind hier erhebliche Synergieeffekte möglich. Ideal wäre daher, die Bereitstellung von Infrastruktur und direkte Geldzahlung zu kombinieren. Alles in allem sollten wir aufhören, den Staat finanziell kleinzurechnen. Die Entscheidungen für die Demokratie und für die Marktwirtschaft waren richtig. Aber nun muss die Familie in die Demokratie integriert und in der Marktwirtschaft eingepreist werden.

Fazit

Auch wenn man meint, man kenne seine Vorlieben und überlasse den Rest gerne Experten, muss man einsehen, dass einem das bisher Verdrängte nicht länger egal sein kann. Die Regierungswechsel in Amerika, Deutschland und Frankreich rund um den Jahreswechsel zu 2025 besorgen auch diejenigen, die sich ansonsten eher für alles außer Politik interessieren. Der technologische Fortschritt mit seiner neuen elektronischen Intelligenz betrifft jeden, der für seine Einkünfte arbeiten muss. Auf Augenhöhe mit dem Augenblick zu bleiben, wird schwieriger. Dass die politischen und technologischen Entwicklungen, also Donald Trump wieder im Weißen Haus und die größten Rechenzentren der Welt in der Hand von Elon Musk, nun ins selbe Zeitalter fallen, macht Orientierung fast unmöglich. Brechen wir es als Aufgabe für uns herunter: Es gilt jetzt, Sehgewohnheiten zu ändern, Zäsuren zu erkennen und neue Einflugschneisen zu finden – in alle Themen, große wie vermeintlich kleine. Die Machtfragen liegen neu auf dem Tisch, darüber wird viel gesprochen. Dasselbe gilt für die andere Seite des Spektrums, unseren unmittelbaren sozialen Nahbereich. Familie ist nicht länger, was sie (angeblich) war, sondern wofür wir sie künftig brauchen.

Die Mutter in Möckmühl vom Beginn des Buchs hat es vorgemacht: Familie als Unternehmen, Kinder als Investitionsmasse! Wenn wir in Deutschland nur Dienstwagen Privilegien zubilligen, brauchen Eltern eben Dienstwagen. Wenn sich nur die Bewirtung von Geschäftsfreunden steuerlich geltend machen lässt, ist das Abendessen für die Kinder eben ein Geschäftsessen. Wenn sich Reisekosten zum Arbeitsplatz steuerlich absetzen lassen, sind Urlaubsreisen mit den

Kindern eben Exkursionen. Die meisten hilfreichen Ideen sind längst erfolgreich umgesetzt, nur noch nicht für alle. Es mangelt uns ohnehin an fast nichts, erst recht nicht an Geld für all die Subventionen, Erstattungen und Kostenübernahmen.

Zum Jahresende trafen sich die Chefs von CDU und SPD in der Fernsehsendung »Ein Herz für Kinder« und zeigten sich in ohnehin schon fragwürdigem Umfeld skandalös knausrig. Lars Klingbeils Spendenbeitrag spottet jeder Beschreibung und bleibt hier ungenannt. Friedrich Merz rechnete stolz vor, dass er sich 40 Prozent für sich und seine Partei bei der Bundestagswahl wünschte und 100 Euro für jeden Prozentpunkt spenden möchte – 4000 Euro also. Ich habe es als Wette verstanden und sie angenommen. Meine Jahresendspende an Sanktionsfrei, einen Verein, der mit einem Solidartopf den groben Unfug des Sozialstaats zumindest in erbärmlichen Einzelfällen auszubügeln versucht, betrug 4001 Euro. Meine Wette gegen Friedrich Merz ist also, dass ich nicht nur ein Sachbuchautor zum Thema bin, sondern mehr echte Familienpolitik mache als er beziehungsweise die CDU. Natürlich möchte ich diese Wette verlieren. Durch sie läuft nun der Countdown. Es braucht nicht viel. Mal sehen, wann es nach den vielen Jahren Kinderwüste wieder Leben in der Familienpolitik gibt.

Dank

Das Schreiben dieses Buches hat Spaß gemacht, weil sich Tim Jung, Stefan Mayr, Lisa Bluhm und viele weitere bei Hoffmann und Campe und Thomas Schmidt-Wölke bei Landwehr & Cie um alle notwendigen Angelegenheiten für dieses Buch gekümmert haben. Für die gelungene Arbeitsteilung danke ich sehr. Für die produktive Work-Life-Weltgeschehen-Balance während der Text entstand, danke ich Steffi, Wolfgang, Mick, Mary-Jane, Human und vielen anderen. Einmal mehr kamen Inspirationen und Informationen auch aus der Hörerschaft der Podcasts. Ich danke allen Beteiligten für den Austausch zu diesen und vielen anderen Themen und hoffe, dieses Buch leistet nun seinerseits den erhofften Beitrag.

Anmerkungen

Schafft das Familienministerium ab – zur Einstimmung

1 Trautwein 2024
2 Hayali 2024
3 Murthy 2024
4 Kolosowa 2024
5 Friedrichs 2024
6 Sigl-Glöckner 2024

I Die Schieflage

7 Keßel 2018
8 Der Bundespräsident 2018
9 Boschmann 2020
10 Ernst 2023
11 Statistisches Bundesamt 2024b
12 Statistisches Bundesamt 2024d
13 Nast 2024
14 Bundesministerium für Familie, Senioren, Frauen und Jugend 2020a
15 Black und Maccoll 2024
16 HDI 2024
17 Merz 2024a
18 Di Lorenzo 2023
19 Statistisches Bundesamt 2024c
20 Hägglund 2024
21 Musk 2024
22 Semsrott 2024
23 Reckwitz 2024

24 Bregman 2021
25 Löhe 2022
26 Hartston 2014
27 Bundesministerium der Justiz
28 Perel 2024
29 Heidenreich 2024
30 Buffett 2015
31 Friedmann 2014
32 Muster 2024
33 Kieserling 2024
34 Raether 2017
35 Stewart 2024
36 Axelrod 2024a
37 Axelrod 2024b
38 Herndon 2024
39 Rhein 2023
40 Tagesschau 2023
41 Morton und Kuenssberg 2023
42 Culbertson 2024
43 CDU Fraktion Thüringen 2023
44 Merz 2023
45 Wolf 2024
46 Schulz 2023
47 Merz 2024b
48 Tooze 2024
49 Bundesverfassungsgericht 2024
50 Verband der Ersatzkassen 2024

II Die Lösungen

51 DRK-Blutspendedienst West 2024
52 Scholz 2024
53 Karikó 2023
54 SWR Aktuell 2023
55 Giddens 1992

56 Schirrmacher 2013
57 Conaboy 2022
58 Haderthauer 2012
59 Bundesverfassungsgericht 2015
60 Hans-Böckler-Stiftung 2024
61 Illing et al.
62 Müller 2021
63 Rudolf 2023
64 Prognos AG 2024
65 Tlusty 2021
66 Bundesministerium für Familie, Senioren, Frauen und Jugend 2020b
67 Norbert Schwarz und Florian Schwahn 2014
68 Priem et al. 2023
69 Stichnoth et al. 2018
70 SPD und Bündnis 90 / Die Grünen und FDP 2021
71 Lindner 2023b
72 Krebs und Scheffel 2017
73 Klemm 2023
74 Weiguny 2023
75 Günther 2024
76 Tagesthemen 2024
77 Bundesministerium der Finanzen 2023
78 Lindner 2023a
79 Statistisches Bundesamt 2024a
80 Statistisches Bundesamt 2023
81 Kleven et al. 2023
82 Statistisches Bundesamt 2022
83 Herrnkind 2018
84 Lenz 2022
85 Tagesschau 2024
86 Deutscher Bundestag 2003
87 Kirchhof 2008
88 Becker 2023
89 Leese und Shi 2023
90 Rong und Wang 2004
91 Sahebi 2024

Literatur

Axelrod, David (2024a): »Mainstream v. Extreme: Hacks on Tap«, zuletzt geprüft am 23.08.2024.

Axelrod, David (2024b): »Overtime Oration: Hacks on Tap«, zuletzt geprüft am 21.08.2024.

Becker, Kim Björn (2023): »Wie erkläre ich's meinem Kind? Wie eine Partei gegründet wird«. *Frankfurter Allgemeine Zeitung.* Online verfügbar unter https://www.faz.net/podcasts/wie-erklaere-ich-s-meinem-kind/wie-eine-partei-gegruendet-wird-fuer-kinder-erklaert-19221327.html, zuletzt aktualisiert am 06.10.2023.

Black, Julia; Maccoll, Margaux: »Dawn of the Silicon Valley Superbaby«. *The Information* 2024. Online verfügbar unter https://www.theinformation.com/articles/dawn-of-the-silicon-valley-superbaby, zuletzt geprüft am 19.07.2024.

Boschmann, Werner (2020): *Machet gut, Schwatte! Abschied von unserer Kohle.* Online verfügbar unter https://www.vonneruhr.de/machet_gut_schwatte.html, zuletzt aktualisiert am 07.09.2020.

Bregman, Rutger (2021): *Im Grunde gut. Eine neue Geschichte der Menschheit.* 4. Auflage. Hamburg.

Buffett, Warren (2015): »Warren Buffett is apparently very funny«. *Fortune Magazin.* Online verfügbar unter https://www.youtube.com/watch?v=kqOYUlSJp4w, zuletzt aktualisiert am 16.10.2015.

Bundesministerium der Finanzen (2023): »Pressekonferenz zur Einigung bei der Kindergrundsicherung«. Bundesfinanzministerium. Online verfügbar unter https://www.bundesfinanzministerium.de/Content/DE/Standardartikel/Video-Textfassungen/2023/textfassung-2023-08-28-pressekonferenz-kindergrundsicherung.html, zuletzt aktualisiert am 28.08.2023.

Bundesministerium der Justiz: »Scheidung«. Online verfügbar unter https://www.bmj.de/DE/themen/gesellschaft_familie/trennung_scheidung/scheidung/scheidung_node.html, zuletzt geprüft am 13.08.2024.

Bundesministerium für Familie, Senioren, Frauen und Jugend (Hg.) (2020a): »Ungewollte Kinderlosigkeit 2020. Leiden – Hemmungen – Lösungen. Deutschland«. 1. Auflage. Berlin: Bundesministerium für Familie Senioren Frauen und Jugend.

Bundesministerium für Familie, Senioren, Frauen und Jugend (2020b): »Was der Gender Care Gap über Geld, Gerechtigkeit und die Gesellschaft aussagt«. Online verfügbar unter https://www.bmfsfj.de/resource/blob/154696/bb7b75a0b9090bb4d194c2faf63eb6aa/gender-care-gap-forschungsbericht-data.pdf, zuletzt geprüft am 01.03.2020.

Bundesverfassungsgericht (2015): »Entscheidungen – Keine Gesetzgebungskompetenz des Bundes für das Betreuungsgeld«. Bundesverfassungsgericht. Online verfügbar unter https://www.bundesverfassungsgericht.de/SharedDocs/Entscheidungen/DE/2015/07/fs20150721_1bvf000213.html, zuletzt aktualisiert am 21.07.2015.

Bundesverfassungsgericht (2024): »Gesetzliche Regelungen über die Vaterschaftsanfechtung durch leibliche Väter sind mit dem Elterngrundrecht unvereinbar«. Bundesverfassungsgericht. Online verfügbar unter https://www.bundesverfassungsgericht.de/SharedDocs/Pressemitteilungen/DE/2024/bvg24-035.html, zuletzt aktualisiert am 09.04.2024.

CDU Fraktion Thüringen (2023): »Grunderwerbsteuer«. Online verfügbar unter https://www.cdu-landtag.de/grunderwerbsteuer, zuletzt geprüft am 18.01.2024.

Conaboy, Chelsea (2022): »Maternal Instinct Is a Myth That Men Created«. *The New York Times*, 26.08.2022. Online verfügbar unter https://www.nytimes.com/2022/08/26/opinion/sunday/maternal-instinct-myth.html.

Culbertson, Alix (2024): »Starmer avoids committing to considering scrapping two-child benefit cap«. *Sky News*. Online verfügbar unter https://news.sky.com/story/starmer-avoids-committing-to-considering-scrapping-two-child-benefit-cap-13183186, zuletzt aktualisiert am 07.09.2024.

Der Bundespräsident (2018): »Zentrale Abschiedsveranstaltung für den deutschen Steinkohlenbergbau«. Online verfügbar unter https://www.bundespraesident.de/SharedDocs/Reden/DE/Frank-Walter-Steinmeier/Reden/2018/12/181221-Abschied-Steinkohlebergbau.html, zuletzt aktualisiert am 21. 12. 2018.

Deutscher Bundestag (2003): »Mehr Demokratie wagen durch ein Wahlrecht von Geburt an«. Drucksache 15/1544. Online verfügbar unter https://dserver.bundestag.de/btd/15/015/1501544.pdf.

Di Lorenzo, Giovanni (2023): »Liebe, Talk und Teufel (mit Giovanni di Lorenzo)«. *Apokalypse & Filterkaffee.* Online verfügbar unter https://apokalypse-und-filterkaffee.podigee.io/934-liebe-talk-und-teufel-mit-giovanni-di-lorenzo, zuletzt aktualisiert am 18. 01. 2024, zuletzt geprüft am 18. 01. 2024.

DRK-Blutspendedienst West (2024): »Ist Blut wirklich dicker als Wasser?« Online verfügbar unter https://www.blutspendedienst-west.de/magazin/basiswissen-blut/ist-blut-wirklich-dicker-als-wasser, zuletzt aktualisiert am 04. 12. 2024, zuletzt geprüft am 04. 12. 2024.

Ernst, Anna (2023): »Axel Springer: ›Bild‹ baut einige Hundert Stellen ab und schließt zehn Regionalbüros«. *Süddeutsche Zeitung*, 19. 06. 2023. Online verfügbar unter https://www.sueddeutsche.de/medien/bild-stellenabbau-regionalbueros-zeitung-1.5946769, zuletzt geprüft am 24. 07. 2024.

Friedmann, Michel (2014): »Friedmann in der Oper zur Premiere von Tannhäuser«, zuletzt geprüft am 23. 05. 2024.

Friedrichs, Julia (2024): *Crazy Rich. Die geheime Welt der Superreichen.* Berlin. Online verfügbar unter https://permalink.obvsg.at/AC17280115.

Giddens, Anthony (1992): *The transformation of intimacy. Sexuality, love and eroticism in modern societies.* Stanford, Calif.

Günther, Daniel (2024): Daniel Günther (CDU), Ministerpräsident Schleswig-Holsteins. Jung & Naiv. Online verfügbar unter https://www.youtube.com/watch?v=lU2eGR8SmDs, zuletzt aktualisiert am 11. 10. 2024, zuletzt geprüft am 11. 10. 2024.

Haderthauer, Christine (2012): »CSU-Sprüche zum Parteitag: ›Lieber kalter Krieger als warmer Bruder‹«. *DER SPIEGEL*, 19. 10. 2012. Online verfügbar unter https://www.spiegel.de/fotostrecke/die-besten-sprueche-aus-der-csu-fotostrecke-88618.html, zuletzt geprüft am 08. 10. 2024.

Hägglund, Martin (2024): *Dieses eine Leben. Glaube jenseits der Religion, Freiheit jenseits des Kapitalismus.* München.

Hans-Böckler-Stiftung (2024): »Mütter in der Krise«. Online verfügbar unter https://www.boeckler.de/de/boeckler-impuls-mutter-in-der-krise-46213.htm, zuletzt aktualisiert am 08.10.2024, zuletzt geprüft am 08.10.2024.

Hartston, William (2014): »Top 10 facts about traffic lights«. Online verfügbar unter https://www.express.co.uk/life-style/top10facts/495571/Top-10-facts-traffic-lights, zuletzt aktualisiert am 18.08.2014, zuletzt geprüft am 10.07.2024.

Hayali, Dunja (2024): *heute journal*. Online verfügbar unter https://www.zdf.de/nachrichten-sendungen/heute-journal/heute-journal-vom-3-juli-2024-100.html, zuletzt aktualisiert am 03.07.2024.

HDI (2024): *HDI Berufe-Studie*. »Jeder fünfte Berufstätige hat seinen Kinderwunsch wegen schlechten Betreuungsangeboten zurückgestellt«. Online verfügbar unter https://www.berufe-studie.de/2024_01-kernergebnisse.html, zuletzt aktualisiert am 24.09.2024, zuletzt geprüft am 07.10.2024.

Heidenreich, Elke (2024): »Sternstunde Philosophie«. Online verfügbar unter https://www.youtube.com/watch?v=mjvxa8woiWA, zuletzt geprüft am 25.08.2024.

Herndon, Astead W. (2024): »The Story of Kamala Harris«. *The Daily*, zuletzt geprüft am 19.08.2024.

Herrnkind, Kerstin (2018): »Familienwahlrecht: Wie Politiker Frauen entmachten wollen«. In: *Stern*, 20.11.2018. Online verfügbar unter https://www.stern.de/politik/deutschland/familienwahlrecht-wie-politiker-frauen-entmachten-wollen-7371730.html, zuletzt geprüft am 10.09.2024.

Illing, Hannah; Oberfichtner, Michael; Pestel, Nico; Schmieder, Johannes; Trenkle, Simon: »Geschlechtsspezifische Arbeitsmarktwirkung der Covid-19-Pandemie: Ähnlicher Arbeitszeitausfall, aber bei Müttern höhere zusätzliche Belastung durch Kinderbetreuung«. Institut für Arbeitsmarkt und Berufsforschung. Online verfügbar unter https://doku.iab.de/kurzber/2022/kb2022-03.pdf, zuletzt geprüft am 08.10.2024.

Karikó, Katalin (2023): »Interview with Katalin Karikó«. *PBS Newshour*. Online verfügbar unter https://www.youtube.com/watch?v=RCU2Fb9WZSg, zuletzt aktualisiert am 16.01.2024, zuletzt geprüft am 16.01.2024.

Keßel, Alexander (2018): »Prosper-Haniel: Letzte Kohle an Steinmeier übergeben, aber alle achten nur auf den Bergmann hinter ihm / Warum

Schalke 04 ein Sonderlob erhält«. *DerWesten.de*, 21.12.2018, zuletzt geprüft am 19.02.2024.

Kieserling, André (2024): »Soziale Systeme – Keine Chance für Platzhirsche«. In: *Frankfurter Allgemeine Zeitung*, 18.08.2024, zuletzt geprüft am 18.08.2024.

Kirchhof, Paul (2008): »Permanenter Verlust an Freiheit«. *Deutschlandfunk.de*. Online verfügbar unter https://www.deutschlandfunk.de/permanenter-verlust-an-freiheit-100.html, zuletzt aktualisiert am 23.03.2008.

Klemm, Klaus (2023): »Studie – Anteil der Jugendlichen ohne Schulabschluss seit zehn Jahren auf hohem Niveau«. Bertelsmann Stiftung. Online verfügbar unter https://www.bertelsmann-stiftung.de/de/themen/aktuelle-meldungen/2023/maerz/anteil-der-jugendlichen-ohne-schulabschluss-seit-zehn-jahren-auf-hohem-niveau, zuletzt aktualisiert am 06.03.2023.

Kleven, Henrik Jacobsen; Landais, Camille; Leite-Mariante, Gabriel (2023): *The Child Penalty Atlas*. Cambridge, Mass. National Bureau of Economic Research (NBER working paper series, no. w31649). Online verfügbar unter https://www.nber.org/papers/w31649.

Kolosowa, Wlada (2024): »Kindeswohl: Ist das Kind in Gefahr?« *Die Zeit*. Online verfügbar unter https://www.zeit.de/familie/2024-09/kindeswohl-gefaehrdung-gewalt-eltern-vernachlaessigung, zuletzt aktualisiert am 07.09.2024, zuletzt geprüft am 08.09.2024.

Krebs, Tom; Scheffel, Martin (2017): »Lohnende Investitionen«. *Perspektiven der Wirtschaftspolitik* 18 (3), S. 245–262.

Leese, Daniel; Shi, Ming (2023): *Chinesisches Denken der Gegenwart*. Schlüsseltexte zu Politik und Gesellschaft. Originalausgabe. München (Edition der Carl Friedrich von Siemens Stiftung). Online verfügbar unter https://ebookcentral.proquest.com/lib/kxp/detail.action?docID=7248673.

Lenz, Kristin (2022): »Deutscher Bundestag – Vor 50 Jahren: Bundestag ermöglicht 18- bis 20-Jährigen zu wählen«. Online verfügbar unter https://www.bundestag.de/dokumente/textarchiv/2022/kw22-kalenderblatt-wahlalter-897958, zuletzt aktualisiert am 12.09.2024, zuletzt geprüft am 12.09.2024.

Lindner, Christian (2023a): »Pressekonferenz nach der Kabinettsklausur auf Schloss Meseberg«. Hg. v. Bundesfinanzministerium. Online verfügbar unter https://www.bundesfinanzministerium.de/Content/DE/Standard

artikel/Video-Textfassungen/2023/textfassung-2023-08-30-pressekon ferenz-kabinettsklausur.html, zuletzt aktualisiert am 30.08.2023.

Lindner, Christian (2023b): »Christian Lindner im Interview: ›Wir können schnell in der zweiten Liga landen‹«. In: *Handelsblatt*, 07.04.2023. Online verfügbar unter https://www.handelsblatt.com/politik/deutschland/christian-lindner-im-interview-wir-koennen-schnell-in-der-zweiten-liga-landen/29235316.html, zuletzt geprüft am 04.07.2023.

Löhe, Fabian (2022): »A100 – Deutschlands teuerste Straßenbaustelle: In Berlin kostet ein Meter Autobahn 191.608,13 Euro«. *Tagesspiegel*. Online verfügbar unter https://www.tagesspiegel.de/politik/in-berlin-kostet-ein-meter-autobahn-19160813-euro-4175779.html, zuletzt aktualisiert am 10.08.2022, zuletzt geprüft am 10.07.2024.

Merz, Friedrich (2023): *heute journal* vom 16. November 2023. ZDF. Online verfügbar unter https://www.zdf.de/nachrichten/heute-journal/heute-journal-vom-16-november-2023-100.html, zuletzt aktualisiert am 18.01.2024, zuletzt geprüft am 18.01.2024.

Merz, Friedrich (2024a): »Friedrich Merz – Woran (ver)zweifeln Sie?«. Online verfügbar unter https://hotelmatze.podigee.io/392-friedrich-merz, zuletzt aktualisiert am 26.07.2024, zuletzt geprüft am 26.07.2024.

Merz, Friedrich (2024b): »Bin wirklich entsetzt! Das ist skandalös!«. *YouTube*. Online verfügbar unter https://www.youtube.com/watch?v=gRxcT5HNZ1o, zuletzt aktualisiert am 15.11.2024.

Morton, Becky; Kuenssberg, Laura (2023): »Keir Starmer won't commit to more money for public services«. *BBC News*. Online verfügbar unter https://www.bbc.com/news/uk-politics-66215122, zuletzt aktualisiert am 16.07.2023, zuletzt geprüft am 16.01.2024.

Müller, Gerd (2021): »Bundesentwicklungsminister Müller: Pandemie treibt Hunderttausende in Kinderarbeit«. *DER SPIEGEL*, 25.03.2021. Online verfügbar unter https://www.spiegel.de/wirtschaft/bundesentwicklungsminister-mueller-zur-sklaverei-coronapandemie-draengt-hunderttausende-kinder-in-die-kinderarbeit-a-1b9cd3c0-bdfc-4490-9138-fdc23d70067d, zuletzt geprüft am 25.03.2021.

Murthy, Vivek H. (2024): »Opinion | Surgeon General: We Must Help Stressed-Out Parents«. *The New York Times*. Online verfügbar unter https://www.nytimes.com/2024/08/28/opinion/surgeon-general-stress-parents.html?referringSource=articleShare&sgrp=c-cb, zuletzt aktualisiert am 28.08.2024.

Musk, Elon: »Elon Musk is all in«. Tucker Carlson on X. Online verfügbar unter https://x.com/TuckerCarlson/status/1843375397024485778, zuletzt geprüft am 07.10.2024.

Muster, Judith (2024): »Führung. Titel oder Handlung?« *Corporate Therapy.* Episode #108. Online verfügbar unter https://corporate-therapy.buzzsprout.com/883399/episodes/15226823-episode-108-fuhrung-titel-oder-handlung-mit-dr-judith-muster, zuletzt geprüft am 06.01.2025.

Nast, Michael (2024): »Michael Nast auf Instagram«. Online verfügbar unter https://www.instagram.com/reel/C87YtK9oRQg/, zuletzt aktualisiert am 13.07.2024, zuletzt geprüft am 13.07.2024.

Schwarz, Norbert; Schwahn, Florian (2014): »Revision der IAB-Arbeitszeitrechnung 2014. Grundlagen, methodische Weiterentwicklungen sowie ausgewählte Ergebnisse im Rahmen der Revision der Volkswirtschaftlichen Gesamtrechnungen«. Online verfügbar unter https://www.destatis.de/DE/Methoden/WISTA-Wirtschaft-und-Statistik/2016/02/unbezahlte-arbeit-022016.pdf?__blob=publicationFile.

Perel, Esther (2024): »I Trust You to Always Tell Me When I'm Wrong. Where Should We Begin?«. Online verfügbar unter https://www.estherperel.com/podcasts/i-trust-you-to-always-tell-me-when-im-wrong, zuletzt aktualisiert am 30.08.2024, zuletzt geprüft am 30.08.2024.

Priem, Maximilian; Fratzscher, Marcel; Lilie, Ulrich (2023): »Kurzstudie zu volkswirtschaftlichen Folgekosten von Kinderarmut. Bundespressekonferenz«. Online verfügbar unter https://www.phoenix.de/sendungen/ereignisse/phoenix-vor-ort/ua-zur-kurzstudie-zu-den-a-3219049.html, zuletzt aktualisiert am 18.08.2023.

Prognos AG (2024): »Der unsichtbare Wert von Sorgearbeit«. Online verfügbar unter https://www.prognos.com/sites/default/files/2024-02/240227_Prognos_Der%20unsichtbare%20Wert%20von%20Sorgearbeit.pdf.

Raether, Till (2017): »Wie Angela Merkel vom Spitznamen Mutti profitiert«. Online verfügbar unter https://sz-magazin.sueddeutsche.de/frauen/die-mutti-aller-schlachten-83392, zuletzt aktualisiert am 20.03.2018, zuletzt geprüft am 07.09.2024.

Reckwitz, Andreas (2024): *Verlust. Ein Grundproblem der Moderne.* Erscheinungsort nicht ermittelbar. Online verfügbar unter https://www.onleihe.de/goethe-institut/frontend/mediaInfo,51-0-1956658965-100-0-0-0-0-0-0-0.html.

Rhein, Boris (2023): »CDU-Spitzenkandidat Boris Rhein: ›Was soll die Schule denn noch alles stemmen?‹«. Hessischer Rundfunk. Online verfügbar unter https://www.hessenschau.de/tv-sendung/hessen-wahl-2023-cdu-spitzenkandidat-boris-rhein-in-der-hr-waehlbar,video-188296.html, zuletzt aktualisiert am 28.09.2023, zuletzt geprüft am 18.01.2024.

Rong, Leng; Wang, Zuolin (2004): »Deng Xiao ping nian pu. 1975–1997«. Di 1 ban, di 3 ci yin shua. Bei jing: Zhong yang wen xian chu ban she.

Rudolf, Christine (2023): »Das bisschen Haushalt? Care-Arbeit ist Milliarden wert«. *ndr.de*. Online verfügbar unter https://www.ndr.de/nachrichten/info/Das-bisschen-Haushalt-Care-Arbeit-ist-Milliarden-wert,weltfrauentag238.html, zuletzt aktualisiert am 08.03.2023.

Sahebi, Gilda (2024): *Wie wir uns Rassismus beibringen. Eine Analyse deutscher Debatten.* Frankfurt am Main. Online verfügbar unter https://portal.dnb.de/opac/mvb/cover?isbn=978-3-10-397624-3.

Schirrmacher, Frank (2013): »Im Dialog«. *Phoenix.* Online verfügbar unter https://www.youtube.com/watch?v=tyY4v7GqaJw, zuletzt aktualisiert am 25.03.2013.

Scholz, Olaf (2024): »Statement des Bundeskanzlers zur Entlassung des Finanzministers«. Bundesregierung. Online verfügbar unter https://www.bundesregierung.de/breg-de/aktuelles/bk-statement-zur-entlassung-des-finanzministers-2319062, zuletzt aktualisiert am 06.11.2024.

Schulz, Stefan (2023): »Jens Südekum vs. Lars Feld«. Online verfügbar unter https://alias-podcast.de/2023/11/16/jens-suedekum-vs-lars-feld/, zuletzt aktualisiert am 16.11.2023.

Semsrott, Arne (2024): *Machtübernahme. Was passiert, wenn Rechtsextremisten regieren : eine Anleitung zum Widerstand.* München. Online verfügbar unter https://www.perlentaucher.de/buch/arne-semsrott/machtuebernahme.html.

Sigl-Glöckner, Philippa (2024): *Gutes Geld. Wege zu einer gerechten und nachhaltigen Gesellschaft.* Köln.

SPD, Bündnis 90/Die Grünen und FDP (2021): »Mehr Fortschritt wagen – Bündnis für Freiheit, Gerechtigkeit und Nachhaltigkeit«. Online verfügbar

unter https://www.spd.de/fileadmin/Dokumente/Koalitions vertrag/Koalitionsvertrag_2021-2025.pdf.
Statistisches Bundesamt (2022): »Zahl der Studienberechtigten 2021 um 3,5 % gestiegen«. Online verfügbar unter https://www.destatis.de/DE/Presse/Pressemitteilungen/2022/02/PD22_079_21.html, zuletzt aktualisiert am 28.02.2022, zuletzt geprüft am 12.09.2024.
Statistisches Bundesamt (2023): »Gender Gap Simulator. Statistisches Bundesamt«. Online verfügbar unter https://service.destatis.de/DE/paygap/, zuletzt aktualisiert am 15.11.2023.
Statistisches Bundesamt (2024a): »Gender Pay Gap 2023: Frauen verdienten pro Stunde 18 % weniger als Männer«. Online verfügbar unter https://www.destatis.de/DE/Presse/Pressemitteilungen/2024/01/PD24_027_621.html, zuletzt aktualisiert am 18.01.2024.
Statistisches Bundesamt (2024b): »Geburten im ersten Quartal 2024 weiterhin auf niedrigem Niveau«. Online verfügbar unter https://www.destatis.de/DE/Themen/Gesellschaft-Umwelt/Bevoelkerung/Geburten/geburten-aktuell.html, zuletzt aktualisiert am 14.06.2024, zuletzt geprüft am 11.07.2024.
Statistisches Bundesamt (2024c): »Eheschließungen und Scheidungen in Deutschland«. Online verfügbar unter https://www.destatis.de/DE/Themen/Gesellschaft-Umwelt/Bevoelkerung/Eheschliessungen-Ehescheidungen-Lebenspartnerschaften/_inhalt.html, zuletzt aktualisiert am 27.06.2024.
Statistisches Bundesamt (2024d): »Geburtenziffer 2023 auf 1,35 Kinder je Frau gesunken«. Online verfügbar unter https://www.destatis.de/DE/Presse/Pressemitteilungen/2024/07/PD24_274_12.html, zuletzt aktualisiert am 17.07.2024, zuletzt geprüft am 23.07.2024.
Stewart, Jon (2024): »Mark Cuban«. *The Daily Show.* Online verfügbar unter https://www.youtube.com/watch?v=ayhRmnFlSkE, zuletzt aktualisiert am 13.08.2024.
Stichnoth, Holger; Camarero Garcia, Sebastian; Dörrenberg, Philipp; Neisser, Carina; Riedel, Lukas; Ungerer, Martin et al. (2018): »Kommt das Geld bei den Kindern an?«
SWR Aktuell (2023): »Medizin-Nobelpreis für Mainzer BioNTech-Forscherin Katalin Karikó«. *SWR Aktuell.* Online verfügbar unter https://www.swr.de/swraktuell/rheinland-pfalz/nobelpreis-medizin-biontech-katalin-

kariko-mainz-100.html, zuletzt aktualisiert am 02.10.2023, zuletzt geprüft am 26.09.2024.
Tagesschau (2023): »Niederländische Regierung zerbricht an Asylstreit«. *tagesschau.de*, 07.07.2023. Online verfügbar unter https://www.tagesschau.de/ausland/europa/niederlande-regierungsbruch-100.html, zuletzt geprüft am 16.01.2024.
Tagesschau (2024): »Neue Debatte über Absenkung des Wahlalters«. *tagesschau.de*, 25.02.2024. Online verfügbar unter https://www.tagesschau.de/inland/gesellschaft/diskussion-wahlalter-100.html, zuletzt geprüft am 23.09.2024.
Tagesthemen (2024): »Sendung vom 9. Oktober 2024«. Online verfügbar unter https://www.ardmediathek.de/video/tagesthemen/tagesthemen-22-15-uhr-09-10-2024/das-erste/Y3JpZDovL3RhZ2Vzc2NoYXUuZGUvYTklZWZlYWItZGYxMi00MDgxLTk0MmQtMGY5ZDJiZGFmN2UwLVNFTkRVTkdTVklERU8, zuletzt geprüft am 06.01.2025.
Tlusty, Ann-Kristin (2021): *Süß. Eine feministische Kritik.* München. Online verfügbar unter https://www.perlentaucher.de/buch/ann-kristin-tlusty/suess.html.
Tooze, Adam (2024): »Election Episode 2024«. *Foreign Policy Podcasts. Ones & Tooze.* Online verfügbar unter https://foreignpolicy.com/podcasts/ones-and-tooze/election-episode-2024/, zuletzt geprüft am 06.01.2025.
Trautwein, Björn (2024): »Kinder sind kein Gewerbe!« *Berliner Zeitung.* Online verfügbar unter https://www.bz-berlin.de/meinung/kinder-sind-kein-gewerbe, zuletzt aktualisiert am 28.02.2024.
Verband der Ersatzkassen (2024): »Finanzielle Eigenbeteiligung von Pflegebedürftigen in Pflegeheimen steigt weiter – Bund und Länder in der Verantwortung«. Online verfügbar unter https://www.vdek.com/presse/pressemitteilungen/2024/finanzielle-eigenbeteiligung-in-pflegeheimen-steigt-weiter.html, zuletzt aktualisiert am 10.07.2024.
Weiguny, Bettina (2023): »Arbeitsmarkt: Wohin verschwinden junge Leute?« *Frankfurter Allgemeine Zeitung*, 17.11.2023. Online verfügbar unter https://www.faz.net/aktuell/karriere-hochschule/buero-co/arbeitsmarkt-wohin-verschwinden-junge-leute-19258021.html, zuletzt geprüft am 11.10.2024.
Wolf, Jana (2024): »Ergebnis langer Verhandlungen: Auf was sich die Bundesregierung für den Haushalt 2025 geeinigt hat«. Online verfügbar unter

https://rp-online.de/politik/deutschland/auf-was-sich-die-bundes regierung-fuer-den-haushalt-2025-geeinigt-hat_aid-115679589, zuletzt aktualisiert am 05. 07. 2024, zuletzt geprüft am 09. 09. 2024.

Stefan Schulz
Die Altenrepublik
Wie der demographische Wandel unsere Zukunft gefährdet

224 Seiten, gebunden
ISBN 978-3-455-01468-6
Hoffmann und Campe

Ein Land geht in Rente – mit katastrophalen Folgen für die Jungen

Bundesweit zählen wir bald jährlich eine halbe Million mehr Neu-Rentner als Menschen, die die Volljährigkeit erreichen. Und das die nächsten 20 Jahre lang! In manchen Bundesländern wird es mehr Menschen mit Pflegestufe geben als Wähler unter 30. Die Konsequenzen sind verheerend: Die greise Republik bedroht unsere Innovationsfähigkeit, unseren Wohlstand und unsere Lebensfreude. Es droht ein großer Generationenkonflikt. Stefan Schulz analysiert, welche Auswirkungen der Renteneintritt der Boomer für unsere Gesellschaft haben wird, und was geschehen muss.

»Die Millennials sollten es lesen. Aber: nicht nur die.«
Der Freitag